每天的生活，都是靈魂的精心創造

You create your own reality.

每天的生活，都是靈魂的精心創造

You create your own reality.

You create your own reality.

每天的生活，都是靈魂的精心創造

許醫師作品 6

許醫師諮商現場

作者——許添盛
總編輯——李佳穎
封面設計——唐壽南
發行人——許添盛
出版發行——賽斯文化事業有限公司
地址——台北縣新店市中央七街26號3樓
電話——22196629（編輯部）．22190829（讀者服務）
傳眞——22193778
心靈專線——22195446
郵撥——50044421
課程部——黃珮慈
推廣部——藍淑修
心靈團隊——邱蕙臻
發行顧問——曹永錫
法律顧問——北辰著作權事務所
印刷——鴻柏印刷事業股份有限公司
總經銷——吳氏圖書股份有限公司
地址——台北縣中和市中正路788-1號5樓
電話——32340036　傳眞——32340037
2007年11月1日 初版一刷
2010年 3月1日 初版四刷
售價新台幣260元（缺頁或破損的書，請寄回更換）

ISBN 978-986-83501-9-9
賽斯文化網站http://www.sethgarden.com.tw
賽斯身心靈診所專線 22180875

許醫師諮商現場・安頓情緒的45個絕妙處方

許添盛　著

關於賽斯文化

發行人 許添盛醫師

我是個腳踏實地的理想主義者。賽斯文化，是為了推廣身心靈健康理念而成立具公益性質的文化事業，希望透過理性與感性層面，召喚出人類心靈的「愛、智慧、內在感官及創造力」，讓每位接觸我們的讀者，具體感受「每天的生活，都是靈魂的精心創造——You create your own reality.」我們計畫出版符合新時代賽斯精神之書籍、有聲書、影音商品及生活用品，並將經營利潤致力於賽斯思想及身心靈健康觀念的推廣，期待與大家攜手共創身心靈健康新文明。

許醫師諮商現場

目錄

Dr. Hsu's Counseling Time

自性篇——行動是最有力量的冥想

〈推薦人的話〉

豐收

王季慶

好像才一轉眼，又要爲許添盛醫師寫序了。

眞的，這是他生命力和創造力又一次的驚人展現。除了看診、帶領好幾個讀書會、演講、上媒體、帶團體、訓練賽斯學派心靈輔導師及做個別身心靈輔導之外，他居然一承諾下來就持續每週替大成報寫專欄，至今已超過兩年，而這就是那專欄的第二次結集。他到底如何「擠」出時間來寫出這些精采的篇章？恐怕連周圍的同事、朋友和學生也都百思不解。

添盛曾開玩笑說我是他的「培養皿」。也許吧，不過，連我都開始懷疑，被培養出來的搞不好是個「異形」咧！還是說「超人」好聽一些？反正，在理念上，我提供了他「賽斯資料」；在情感上，我給了他護持和讚賞，但他能有今天的成就，

還是憑著他先天的秉賦和後天不懈的努力啊！

我想，添盛之所以能週復一週地有這麼多好東西與讀者分享，其實與他平日的活動有很大的關係，他整個的思想、信念以「賽斯」教我們的宇宙觀和人生觀爲基礎，然後不斷地在諮商、演講和讀書會中一再地得到印證，使得他活化、活用了賽斯的理念，並且持續由病友和聽眾之中得到回饋，所以心中的感想和感觸唾手可得，像我開玩笑說他的：一瀉千里。以前，他一開口就可以說個不停，現在，他更是一下手就可以寫個不停。而我雖然常聽他講，他的文章更是每篇都先讀過，可是仍然每次都讚歎他說得好，說得有道理。當然，也不是只有我這樣感覺，來自各地聽眾和讀者的回應更證實了我所言不虛。

這本書大致可以說是涵蓋了身心靈整體健康的情、理、法三面。在情緒和身心健康這部分，比較淺顯易懂，因爲它是揉和了許醫師多年臨床經驗的結果，讓他深深體會到人性的複雜幽微處。到了談信念的篇章，許醫師便盡力用一般人可以瞭解的方式反覆講解賽斯的中心思想。及至談自性的部分，更是已超越了身和心的範圍，直接觸及了哲學與宗教所關懷的層次，並且不受任何傳統框架的局限，明白表達了賽斯獨特而震撼人心的眞理。

我認爲，本書的內容就是它自己最好的「見證」，也不須我再多說什麼。何況，添盛曾說，別人的讚美都不算什麼，因爲都不及他對自己作品的讚歎！哈哈，「自戀狂」能有這樣的效果，也眞是普遍缺乏自信、覺得自己不夠好的人的好榜樣吧？

【推薦人簡介】王季慶，成大建築系畢業，留學加拿大，並旅美十餘年，歷經半生的心靈追尋，遍覽各類心理、宗教、哲學、神祕學等書籍。於一九七六年首度接觸啓悟性的「賽斯資料」後，心弦震動，遂開始譯介賽斯書系列及新時代經典作品共十餘種，爲國內新時代思潮的發起人，並於全省各地組織新時代讀書會，成立「新時代中心」，致力將新時代的訊息介紹給國人。

引介「賽斯系列」、「伊曼紐系列」及「與神對話」系列等書，著有《心內革命——邁入愛與光的新時代》、《賽斯讓你成爲命運的創造者》。

〈推薦人的話〉

身心靈的完美交融

陳曜卿

許醫師又出書了！這部《許醫師諮商現場》，是他以「身心靈健康生活處方」爲中心理念的又一部著作。許醫師從人生基本面的問題著手，輔以實際的諮商個案，用深入淺出的靈活筆觸，闡述了許多頗值得我們去體會及實踐的意念。

人可以透過心理情境的改變，經由心靈的積極冥想，使自己充滿威力地活在當下，讓人生過得有尊嚴、有價值。我們也能藉由心想事成的信念，以強烈的企圖心完成自己的心願，甚至能面對所有的疾病，使它們消失於無形，進而擁有快樂逍遙的生活。如此一來，縱然存在著身體的苦痛、心靈的創傷，亦將因心念的轉換而開啓新的希望、新的方向，再付諸外在的實際行動，內外相輔相成，身心靈應能逐步走入健康完美的交融境界。

從許醫師在身心靈領域的研究與體會來看，稱他是個天才應當之無愧。在醫院裡，擔任臨床身心科醫師所能服務的病人實在有限，而出版這本好書，除了可以將個人的學識及自身的領悟公諸於世外，更可以藉文字流傳使許多無緣與其相見的民眾受益。期盼得識此書的有緣人，能告訴所有關心身心靈健康或有所需求的親朋好友們：許醫師一系列身心靈的著作，絕對值得大眾善加琢磨、用心感受。

於二〇〇三年三月春暖花開時

【推薦人簡介】陳曜卿，曾任臺北縣立板橋醫院院長、臺北縣立三重醫院代理院長、全民健康保險局第一門診中心特約醫師，以及臺北市立婦幼綜合醫院行政副院長、醫療副院長。

自序

許添盛

這是我在大成報「和自己Tea Time」專欄的第二本書。可是大家不要以爲我是一位「灌水作家」、符合市面上清淡果汁的標準。相反的，當我自己在重讀這些文章時，常發出莫名的讚歎，「這些文章是誰寫的？寫得眞好！」而在咀嚼的同時，似乎一股無以名狀的心靈動力悄悄的自內心升起，流竄過我的身軀，彷彿爲四肢百骸注入新的活力。

大家都知道我是個不喜歡開藥的醫生，我更強調的是身心靈的力量，因此在身心科的門診裡，我最喜歡推薦書給病人看。可是，推薦來推薦去，總覺得應該有一本更好的書，本著我一貫的人生哲學「求人不如求己」，於是，就有了這本《許醫師諮商現場》。

這是一本所有關心身心靈健康的人應讀的一本書，就如我常告訴病人的：「看書總比吃藥好」。書中有許多具體的建議及觀念的重建，是我針對已有身心困擾或關心身心健康的人量身訂做的，相信對你一定有很大的幫助。

這也是一本值得珍藏的書，不是那種看完就丟的隨手書，而是你必須細細的品嚐，並將之消化吸收，實際運用在現實生活裡。希望你在讀這本書時，有一種洗心靈SPA的感覺。

至於書中一再出現的「新時代大師賽斯」，到底是何許人，有興趣的朋友們可以進一步的鑽研賽斯書。總而言之，以我的觀點，賽斯是當代最偉大的心靈導師，賽斯所講的每一個觀念，正是要引導我們踏上開悟之道、修行之道、智慧之道、健康之道及解脫之道。

賽斯也是我的靈性導師，很高與與你一同分享。

致謝

本書的順利出版，要感謝下列人士熱心贊助：
科通股份有限公司董事長蔡百祐、吳惠芬夫婦與總經理吳惠容
圜達實業股份有限公司董事長林錫埼夫婦暨全體同仁
在此誠心祝福他們福壽綿延、幸福快樂

情緒篇——這一刻就是「威力之點」

睜開你的雙眼，環顧你的四周，
在心中了悟這一刻就是「威力之點」。
深切地明白，自己不但不受過去、現在及未來的掌控，
而且在當下，就可以改變過去、現在及未來的事件。

深深地吸一口氣，感覺力量由四面八方湧入你的身體，
感覺力量由內心深處緩緩升起。
讓你的雙眼大開，感覺你的周遭——
現在的你，就是一個創造者；
現在的你，充滿了無窮的威力。
你可以在當下掃除所有的疾病、掃除所有的無力感——
威力點就在當下。

〈我是喜怒形於色的人，情緒起伏不定困擾著我，眞是修養不到家？〉

處方 01 情緒的眞面目

以前我老是弄不懂，到底人爲什麼會有情緒？情緒的來源、意義及本質爲何？或這樣說好了，情緒存在的眞正目的是什麼？

這實在是一個非常大的題目，絕對有必要從新時代身心靈的觀點來好好探討一番。就宗教的修行觀而言，情緒似乎是個不受歡迎的東西，宗教多是期待人們必須表現出平靜、詳和，且彷彿永遠不動怒的樣子。一旦你輕易地動怒，一個原因是你的修養不夠，修行沒到家；另一個原因則是你前世不修、業障太重。因此，憤怒、嫉妒、悲傷這類的情緒，是一個人的靈魂提升不夠才會出現，也是屬於世俗眾生、凡夫俗子的特有產物。一個修行人被期待臉上必須永遠掛著笑容，必須永遠不能動怒，一動怒就破功了。（唉！眞是太累了！）

在社會的世俗面，對傳統的男性而言，有些情緒也是不被歡迎的，比如當一個男人感覺自身有脆弱、害怕、恐懼、想哭或想依靠的情緒時，那實在是個十分令人難堪的畫面。哈哈！一個脆弱害怕的男人如何成為女人可依靠的堅強臂膀？如何成為一個能幹、果決、發號施令的一家之主或上司？一個恐懼害怕的男人不但會被同事及街坊鄰居譏笑，在社會上根本就沒有一席之地，隨時會被淘汰。因此男性的圈子裡，恐懼、脆弱、無助、想哭的情緒是絕不受歡迎的。

而科學界及精神醫學界是如何看待情緒呢？首先，情緒的起源是大腦神經傳導物質及荷爾蒙化學變化的結果，而情緒障礙乃是腦中化學不平衡所導致的。因此，一個精神病或精神官能症患者，要嘛情緒產生過多且控制不良，如躁症病人所呈現的暴怒；要嘛是情緒產生不足，如槁木死灰、表情平淡的憂鬱症患者。情緒過多讓一個人不斷地與人衝突，起腳動手，潑婦罵街；情緒過少則讓一個人失去動力，不吃不喝，整日消極，彷彿洩了氣的皮球。

情緒是生命不可或缺的元素，過多過少都會出問題；色彩太少當然索然無味，色彩過多卻也眼花撩亂，漫無章法。情緒來自生命底層，爲生活增加色彩，但它卻又如此地不可預測，令人又愛又怕。情緒和我們的眞正關係爲何？我們能信任它嗎？還是——它是一個來自潛意識的危險東西，猶如核能發電或核子彈和世界和平的關係，一不小心「砰」地一聲，你多年苦心營造的形象及人際關係立刻完蛋。

在每天的日常生活中，你又是如何看待情緒的？你也許很氣小孩不唸書、不專心、愛玩、一天到晚打電動，但是聽了教育專家的話，「生氣是無濟於事的」，於是你改爲「柔性勸導」。結果一天下來，也許工作不順，回到家又是同樣的畫面；你終於抓狂了，發完一頓脾氣之後，你可能反過來開始責怪自己——你看，又是情緒惹的禍。你也許很愛父母，但看著他們不良的生活習慣（比如愛亂吃藥），你眞是又氣憤，又痛心，（只是有一天，）你終於忍不住和父母吵了起來，明明知道自己是爲他們好，卻總是沒辦法好好說，一說就吵架，又不能不說。一方面你覺得自

己沒錯，一方面又覺得自己不該用那種口氣，惹得所有人不開心。此時你也會想：都是我的情緒、我的急性子和壞脾氣惹的禍。

以上的諸多觀點或諸多現象，都反映出現代人對情緒的又愛又恨。許多的勵志書籍都告訴大家，要有正面的思想才能產生正面的情緒，才會有光明的人生。又有許許多多的身心醫學、身心靈的專家告訴大家，大多數的疾病都是負面情緒的結果，脾氣大的人容易導致心臟病、高血壓，壓抑情緒的人容易得癌症；於是很多生重病的人開始「修身養性」，開始學佛、上教堂，調整自己的情緒，希望不發脾氣。到底這樣的做法對不對？是病會好，還是更早死？

到底負面情緒會不會讓人生病？

關於情緒，賽斯說過一句有趣的話：「彷彿只有打扮得漂漂亮亮的情緒才會被接納為親生子女似的。」

老實告訴大家，就我對目前所有理論的了解，沒有人眞的知道情緒的目的及眞面目，究竟而言，**「情緒永遠都不是問題，也絕非障礙本身。」**

情緒，或負面情緒，永遠不會導致疾病。所有的情緒，都是我們的老師，是我

們最親密、最值得信任的朋友。任何情緒的出現，不管是正面或負面，都是為了幫助我們而存在。

以上這幾句話各位讀者一定要牢牢地記在腦海裡。

情緒本身永遠不是、不能也不該成爲問題。如果情緒出了問題，有問題的不是情緒，而是情緒幫你指出內在問題的所在。

許多宗教、修行派別、各式各類的修身養性之道，及亂七八糟的身心靈理論，都告訴你「問題出在情緒上」，尤其「負面情緒」不但會破壞你的人際關係、夫妻關係、親子關係，甚至會影響你的生理功能，造成種種疾病。因此，我們利用冥想打坐、修行轉念，及合理的方法如打枕頭、撕報紙、到山上大叫來調理情緒，或乾脆直接壓抑情緒，告訴自己要平靜、要正面、要積極樂觀。

但是，我問各位一句話，萬一問題不在情緒上，又該如何？

你一向將主要焦點放在「處理負面情緒上」，而非「跟著負面情緒，透過負面情緒的指引，協助你找到眞正內在的問題」。那麼你之前所知道的理論、所用的方法，只不過錯把馮京當馬涼，不但無法幫助你解決眞正內心的問題、達到身心靈和

諧的境界，反而遮掩了內在的問題，創造出一種和平的假象，或人變詳和了、少發脾氣了，卻病得愈來愈重。一旦有了這種知識上的誤解，你就會將自己的情緒視爲陌生的、可怕的、危險的、找你麻煩的、不可預測的洪水猛獸；你會覺得情緒老是莫名其妙地騷擾你，或帶給你麻煩。因此，你不會有一種天生受恩寵的感覺，你不會深深地感受到一種信任、幸福、安全及溫暖的感受。

所有的情緒都是我們最好的朋友，也絕對值得我們的信任——不管是憤怒的、悲傷的或憂鬱的情緒。且讓我細說分明：

第一：情緒是一切生命背後的推動力，它帶給我們行動的力量及能量。沒有情緒，我們每個人根本就懶得去做任何事。

第二：情緒協助我們去達成與人溝通的目的。情緒可以促使我們說出內心眞正的感受，去衝破人際溝通的障礙，或化解人際溝通的誤會，進一步避免更大的衝突及暴力的發生。

第三：請將情緒視爲自己最值得信任的朋友，不要把情緒當成問題。忠實地跟隨自己的情緒，我們會因此找到眞正內在的問題，也許是內心的不平衡，也許是一個童年傷痛的記憶，也許是一個偏差扭曲的人生觀，或早已過時的限制性信念。比如說，跟隨你的兒子不唸書的憤怒，或許你可以找到自己幼年失學的傷痛，自卑，或幫助你找到「低學歷是導致自己這一生最大失敗的唯一關鍵因素」這個自我逃避及自我欺騙的信念。也唯有這個方法，你才能找到導致情緒障礙的眞正原因。當眞正的原因被面對、被解決了，負面的情緒自然會轉成正面的力量。再舉一個例子，跟隨你憂鬱沮喪的情緒，信任你憂鬱沮喪的情緒，體驗你憂鬱沮喪的情緒，不要恐懼它，急著逃離它、轉化它，或用藥壓制它，它將會帶你走完全程，且帶你看到它的背後可能還有一個更深的憤怒，或「覺得自己沒有價值」這個根深柢固的信念及隨之而來深深的無力感，如此，也惟有如此，你才能徹底改變那帶來憂鬱沮喪情緒的負面信念。若非如此，你根本解決不了任何問題，而憂鬱沮喪的發作也會一次又一次地，永無休止。

第四：透過與情緒的親密互動，不再害怕情緒、恐懼情緒，將情緒分成正面或負面；不再與情緒爲敵，試圖去管理、控制或壓抑情緒。我們才能眞正體驗到意識心（指「內我」在物質實相裡的自己）、信念及情緒三者相互扶持成長的正面關

係，也才能眞正地連結內在的心靈，擁有內心眞實的平靜及力量，不再感到恐懼及孤單。

希望這樣究竟的理論及實務的操作能夠幫助各位脫離情緒的困擾，祝福你！

處方02 憤怒有正面力量

〈我常覺得憤怒，發了脾氣後，又會覺得這樣很不應該？〉

一般人通常對情緒充滿了誤解，尤其對「憤怒」這類負面情緒更是充滿了負面的看法。但是根據新時代大師賽斯的觀念，「情緒本身是沒有問題的」，其實你眞的不該怪罪情緒本身，要就怪那帶來負面情緒的信念及思想。

我們今天就來看看憤怒吧！憤怒是內在靈魂帶給「有很深無力感人格」的禮物。我們來看看憤怒的畫面：也許心跳加強、血壓上升、血流加速、血糖增加、肌肉充滿張力，也許雙拳緊握、對空揮拳，也許想大聲咒罵、音量加大、音調拔升，似乎充滿了蓄勢待發的行動力。憤怒在生理學上的意義是加快代謝速度，額外增加體能及精力；憤怒對心理上的意義，是為人格灌注了力量感，一種行動上的強烈驅力。因此，不論在生理或心理上，憤怒都是力量感的展現。

意識心、情緒及思想是三個互相連結且不斷自我演化及平衡的要素。當意識心擁有很多自我說服及相信自己無能為力的信念時，外在環境便成了觸發的因子。一旦外界發生了令意識心不滿、不符合意識心期待的事時，意識心內在的情緒便逐漸轉成強大的憤怒能量，這便是一個相當關鍵的時刻。憤怒的本意是要帶給意識心力量，讓意識心掃除無力、沮喪及憂鬱的情緒，讓意識心重新感到自己是有力的，而且是可以採取有力的行動去改善人際溝通或改善自己所處的環境。

每個意識心都必須感覺自身是有力的，有力量創造自己的實相，有力量改善自身及周遭的人事物。但因為時下有許多謬誤的信念系統，比如科學強調精神乃由物質演化而來，不承認靈魂的偉大及死後生命猶存的事實；心理學過度強調人受早年成長環境或佛洛依德式潛意識壓抑及混亂的影響；醫學強調身體的脆弱及老化的不可避免；性別主義強調兩性本質上的差異，甚至在遺傳基因及心靈能力上都被性別的狹窄觀念所切割。各位讀者一定要深切明白，這幾類的主流思想都已成爲我們教育體系的一部分，瀰漫在我們的文化、家庭、社會及政治裡，瀰漫在我們的骨頭、肌肉及血液中，也埋藏在這數代人類根深柢固的潛意識思想裡。

這些主流思想體系都深深地剝奪了意識心應有的力量與能力，只有眞的回歸到「你創造你自己的實相」，意識心才可能重新擁有強大的力量——既強大又和平，對自己及全世界都帶來好處的創造力量。

那麼憤怒呢？現代人充滿了如山高、如海深的憤怒：對另一半外遇的憤怒；對經濟不景氣、找不到工作的憤怒；對小孩的憤怒；對政府、政客們亂搞的憤怒；歸結到底，所有的憤怒其實都是對自身的無力感、對自身感到沒有用的憤怒。

很多人說，憤怒又有何用？更多的上街頭抗議、更多的吵架，或乾脆自己打自己、用手搥牆壁，有用嗎？錯了！如果你眞的明白意識心、情緒及信念三者相互補償、相互協助的運作關係，你會晉昇到一個相當棒的境界。

你一定要明白憤怒具有的三個偉大功能，才不會成爲一個一天到晚憤怒、令別

人討厭、最後連自己都憎惡的人。第一：憤怒是要爲意識心帶來渴望已久的力量。在生理及心理上，憤怒都可以變成強大的行動驅力，幫助你解除無力的陰霾及壓抑，面對自己心中眞正的感受及衝破人際溝通的障礙，以便進入下一個和諧的境界。第二：憤怒能幫助你清除體內累積已久的代謝毒素，改變身體的新陳代謝，及發動荷爾蒙重新的平衡，有助於治療許許多多的疾病。第三：你必須全心地跟隨及接納憤怒的情緒，千萬不要恐懼被憤怒席捲，或基於形象、道德或修行上的種種理由壓抑憤怒的能量。全心地跟隨憤怒，看看憤怒帶你到哪裡去，你一定要找到憤怒背後有沒有另一個情緒，也許是恐懼，然後你要繼續跟隨你的恐懼，看看恐懼的眞面目爲何；一旦完成這個程序，你才會解除憤怒及恐懼，找到內心眞正的力量及平靜。你同時必須去覺悟到：「到底是我的哪種信念帶來憤怒及恐懼？」在覺察的光照下，找到那帶來憤怒的信念，你必須瓦解那令你充滿無力感的信念。

因為你有限制性的信念，你才感到無力，因為你感到無力，所以你才會憤怒。憤怒是要帶給你力量，瓦解你「相信自己是無能為力」及「你是疾病不可避免的受害者」的信念。如果你持續地對家人、朋友、社會或政府憤怒，就表示你持續相信自己是無力的，而且也將這樣的力量投射出去。因此，你必須順著憤怒收回自己的投射、找到自己的力量，當你覺得有力量令自己的生活及整體大環境更好，那麼你不會再浪費能量去憤怒，而成了由當下開始、由你目前所在之處開始的腳踏實地理想主義者。

只有當你眞正明白憤怒的這三個偉大功能，你才不會再濫用憤怒或壓抑憤怒，才能進一步的順應情緒，與內心靈魂的偉大力量結合在一起，達到身心靈整合的境界。

〈我討厭失敗，我見不得失敗，而我老是失敗，怎麼辦？〉

處方03 失敗的好處

看到這個題目，各位讀者一定覺得我的頭殼壞去，精神科醫生當久了果然秀斗，「醫病關係」愈來愈好，連自己都愈來愈像病人了。就像我媽常說的，「唉！我兒子精神科再做下去，早晚大家會分不出誰是醫生、誰是病人？」

不過我自己倒覺得這樣滿快樂的，當一個正常人太久其實壓力非常大，老會擔心害怕自己不正常，所以我認爲，偶爾讓自己不正常一下反而會看起來比較正常哦。

好了！我們就來說說「失敗的好處」。平時大家都很討厭失敗，所謂「成功人人羨，失敗連狗嫌」。失敗帶來的是屈辱、沒面子、自責、痛苦，自己會嫌自己，還會被人看不起；於是所有人都努力追求成功，全力避免失敗。但是，往往天不從人願，每天每分每秒都有人失敗。有人生意失敗、婚姻失敗、考試失敗、約會失敗、做一道失敗的菜、比賽失敗、手術失敗、自殺失敗……眞的吔！失敗彷彿在每個人的人生當中無所不在。

我的另一句名言是：「凡沒有存在價値的，必不會存在。」換句話說，凡所有已經存在的，必然有其存在價値，否則根本一開始就不會存在。這個理論基本上賭的是上帝的智慧，因爲我是這樣想的：既然祂是上帝，一定比較聰明，比較有愛心，因此，在祂眼中，凡一切存在的事物及現象，必然有它的價値及意義，只是我們一時還看不出來罷了。

順著這樣的思考方向，我開始啓動自己的「瘋子式思考」（因爲有時我覺得正常人比較不明白上帝在想什麼，比較可能知道的是天才或瘋子，但我不好意思說自己是天才，所以只好說自己是瘋子）。但請各位讀者千萬不要侮辱我的智商，以爲我又要開始講「失敗爲成功之母」的八股——因爲上帝要把「成功」生出來，所以也要同時把成功的媽媽「失敗」創造出來才生得出這個兒子，所謂「歹竹出好筍」——雖然我也的確覺得這是一個不錯的想法。

我眞正要講的是，就靈魂的成長或上帝的觀點（或小弟我瘋子的觀點），失敗的好處在於：一個能接納自己可以失敗的人，在靈性層面上才是一個眞正成功的人。因此，爲了成就靈魂的智慧及愛，失敗的價值和成功的價值還眞的是不相上下呢！

就賽斯的宏觀而言，在地球孕育的文明中，人們由他自己的成功處學習，也由他自己的失敗處學習，成功或失敗在靈魂的觀點上，只是一個假象，只是一個遊戲。重要的是在這個假象的遊戲當中學習愛、自由及創造力，學習愛自己、尊重自己，愛別人、尊重大地。

當你很成功的時候，要接納自己似乎一點兒也不困難；但當你失敗的時候，你還能接納自己，看到自己的價值，那才是真英雄、真好漢。因此，失敗的好處在於

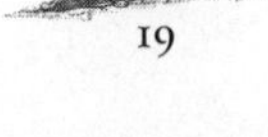

催生靈魂真正的智慧。不是記取失敗的教訓、下一次非成功不可的這類想法，而是一種更寬闊的智慧及更包容的愛。請大聲地告訴自己，我天生就有一種來自宇宙、來自大地、來自上帝不可摧毀的價值，因此，我可以失敗，也能眞正接納自己的失敗。因爲你能接納自己、接納自己的失敗，所以「你」比「失敗」更大，且永遠不會被失敗擊倒。

一旦你能接納自己的失敗，就是眞正的成功了。關鍵在於「接納」這兩個字。以賽斯的說法，你創造了失敗，以便能「成功」的自我接納！多棒啊！多麼偉大的靈魂上的成就及智慧。還不止於此呢！一旦你能充滿愛心地接納自己的失敗、錯誤及愚昧，你也將發自內心地接納周遭的人，你的愛會愈來愈大、愈來愈眞實有力量，而不是看起來假假的。看起來，失敗的好處還不少呢！再告訴你一個天大的秘密好了，一旦你接納了失敗，且徹底明白它帶給你的好處，也許有朝一日你會更有智慧，不必透過失敗，就能直接得到失敗帶給你的好處；不過，到了那一天，失敗也已經早就不是失敗了。阿彌陀佛，煩惱即菩提。

〈我擔心會有不好的事發生，老怕這個怕那個？〉

處方04 恐懼是最好的朋友

恐懼是一個人一生當中所能面對最大的負面情緒，也是一個人在日常生活中最容易遭遇到的情緒。比如說，從第一次發現自己不如其他小朋友的表現，恐懼老師及父母不喜歡自己；恐懼當自己與別人起衝突時，可能會遭受到身體及心理的報復；恐懼自己愛的人不愛自己；恐懼生病，恐懼失業，恐懼死亡，恐懼孤單，恐懼迷路，恐懼被別人拋棄，恐懼親人及朋友的生離死別，恐懼黑暗……總之是恐懼再加上一大堆的恐懼。

有些人除了恐懼生前，更會恐懼死後；恐懼死後是否成了孤魂野鬼、無人祭拜；恐懼死後是否會因爲生前做了壞事而下地獄。賽斯說過一句話，「根深柢固的恐懼只被面對一次往往是不夠的」。每個人面對恐懼的方式更是截然不同，有的人可以感覺到內心巨大的恐懼，可是表面上絕對要鎮定如昔，一分一毫也不能爲別人所覺察；我記得曾有一個個案，當他入學時恐懼被別人欺負，於是加入幫派，爲的是克服懦弱，每次火併時他最害怕，卻也逼迫自己衝第一個，爲的就是克服內心的恐懼，後來卻不幸罹患了巴金森氏症，手腳不聽使喚地顫抖。這個個案以及隨後不久我所治療的幾個巴金森氏症患者的例子，不免令我大大的懷疑，這個疾病的起源是否與累積在神經系統內巨大被壓抑的恐懼能量有關。

另一個與恐懼最高度相關的是恐慌症，有些恐慌症的患者很明白自己從小就膽小、怕黑、不敢看恐怖片，長大後也常因爲一些外在的壓力而膽小害怕不已；另一些恐慌症的患者則是「死鴨子嘴硬」，明明內心是脆弱無助，可是卻愛面子愛得要死，深怕比不上別人，又怕被人嘲笑膽小懦弱，於是也累積了巨大的恐懼能量，藉每次恐慌的發作由心理的出口釋放恐懼的能量。患有強迫症的人則更令人同情了，因爲他可能每分每秒都在擔心不好的事會發生。

而一般的社會大眾也每日生活在各式各類大大小小不同的恐懼當中。人人都喜歡安心自在，不願恐懼不安，可是時至今日，現代人似乎恐懼大於心安，害怕多於自在，身爲身心靈整體健康醫師的我，常常在思索，這可怎麼辦呢？

生理上疼痛的原始目的是爲了保護身體免於危險，以確保肉體的安全及存活，心理上恐懼的最原始目的也是爲了保障心靈的安心及自在，讓心靈不至於傷害自己或傷害別人。

因此，當我們想眞正的克服恐懼時，在觀念上不能把恐懼當成敵人。一旦把恐懼當敵人，想努力征服它時，可能兩敗俱傷，也許最後被征服的人是自己呢。

首先，**我們要將恐懼視為一個善意的朋友，這個朋友充滿善意地提醒我們，以防止我們踏入更大的危險而不自知**。如果我們不敢面對恐懼，只被恐懼的情緒嚇到了，我們就完全不知道恐懼的背後到底是何涵意，也就無從去面對。其次，必須深入了解，這個善意提醒我們的朋友（即恐懼），是否過於小題大做、神經兮兮地將

一切都想成最負面，且彷彿隨時會粉身碎骨、萬劫不復似的，會不會事情根本沒那麼糟，所謂「天無絕人之路」或「生命會找到自己的出路」，而只是自己拼命的鑽牛角尖、死命的將自己逼入死胡同？

當我們先肯定恐懼情緒最初的目的是爲了令我們免除更大的災難，再去細細詳查，勇敢的面對到底在恐懼什麼？這些恐懼是否來自頭腦當中一直想像推斷出來的危險不安？這些頭腦想像出來的危險不但一直削弱我們的精神、體力及免疫系統的健全性，更剝奪了我們面對問題的力量感，因此，我們不但要用健全的意志力一再驅散那些栩栩如生、卻莫須有的恐懼，更要進一步加強內在的信心、自我解決困境的能力，那麼，恐懼就會是個最好的朋友，而非最大的敵人。

〈我覺得很沒安全感，好像總有人要害我？〉

處方 05 被迫害妄想世界

精神科及其相關的症狀一直是大家感到相當好奇的部份，在報章雜誌上也常出現某精神病患因出現「被迫害妄想症」而做出某些異常的行爲，比如劫持公車或用刀砍路人等。

到底什麼是「被迫害妄想」？在臨床上常發現的，都是個案開始出現怪異行爲，表情也不對勁，在家屬詢問下，個案才說出「有人要害我」，有時個案說要害

他的人可能是鄰居或親戚，有時根本是不認識的路人，有時個案根本說不清楚，只知道「有人」或「有東西」要害他，有些個案則會說有一堆「冤家債主」要來找他。

這些人開始惶惶終日，也不能工作，一下子發呆，一下子可能又露出恐懼的表情。有的人開始不敢吃家人為他準備的食物，怕被家人下毒；有的人開始把所有窗戶關上，縱使大白天也不願意打開，甚至將門窗都釘上；有的人開始不敢出門，因為一出門就覺得有人在跟蹤他，開始要對他不利，因此幾乎整天都窩在家中，呈現社交退縮的狀態。

大部份這類的個案一開始都被視為「中邪」或「著魔」，因此會被帶往各大神壇「收驚」或「驅魔」，花了數十萬甚至上百萬元卻未見效。慢慢久了，有人會告知家屬這可能是精神疾病，剛開始家屬都不太願意承認且面對，畢竟如果是精神病的話，不是都很害怕被別人知道嗎？後來也許個案的病情愈來愈嚴重，有些甚至出現暴力或自殺的行為，家屬才願意帶往醫院就醫。

有些個案會被醫院告知乃是得到「精神分裂症」，而開始給予抗精神病藥物的治療。雖然現在許多新一代的藥物愈來愈進步，副作用也大大降低，但仍有許多家屬及病人會爲許多的藥物副作用所困擾。如果你問精神科醫師：「爲什麼他會得到精神分裂症？爲什麼會出現被害妄想？」大概精神科醫師會回答，應該是大腦的化學平衡出了問題，所以才生病，要靠藥物改變大腦的化學平衡。縱使有如此「科學的解釋」，很多家屬及個案仍然相當抗拒藥物的治療，常常因此被醫護人員強力的「柔性勸導」。

就新時代賽斯學派的觀點而言，腦中的化學不平衡，「不會」引起任何的疾病，但是這類疾病「的確」有腦中化學不平衡的現象，這到底怎麼一回事呢？我們來一步一步的解釋。

形成被迫害妄想主要有兩大因素，首先是「不安全感」。在許多人的認知當中，這個社會充滿了許許多多的不安，尤其很多報導強調的都是強姦、兇殺、綁架、搶劫，記得曾有位個案就是和鄰居爆發停車糾紛後發生「被害妄想」的。因爲社會的不安、政治的不安、家庭婚姻的不安，隨時擔心別人會對自己不滿，或對自己不利，而人是具有偉大想像力的生物，不但會把看到、聽到所有人性的負面及社

會的不安完全吸收進來，把對生命的信任及平安一點一滴的摧毀，且透過想像力不斷的放大及投射到未來，令自己的心智逐漸脫離現實，進一步進入被想像力放大及幻想出來的「妄想世界」。

其次的因素是「無價值感」，由於自己的無能力、挫敗及自卑，在生命中逐漸感覺不到喜悅及色彩，許多人覺得自己「沒有用」、「沒價值」、「可有可無」、「是個徹底的失敗者」。但是，對所有人類而言，每個人都天生「必須」感覺自己的生命是「重要的」，如此生命的現象及生理的運作才能持續下去，一個感覺不到存在重要性的生命將不會持續。

綜合以上兩大原因，個案一方面覺得生命有不安全感，一方面潛意識知道生命需要產生重要性才活得下去，於是，人格在脫離現實的封閉情形下開始感覺到「有人要害他」，如此一來，起碼他的生命「是」重要的。人格藉此一方面凸顯生命的不安全感，一方面藉被害妄想讓自己的人生「有價值且重要」，他由這樣的心境創造出符合此意識狀態的「大腦化學不平衡」，以便令自己停留在彷彿醒時做夢的「被迫害妄想狀態」。

因此，**治療被迫害妄想症光用藥是不夠的，一方面必須努力幫助個案建立內心及外在的安全感，另一方面，還要一步步協助個案建立自信心及自我價值，這種身心合一的治療才能引導個案脫離妄想狀態，**而非一味霸道地用藥將個案逼出那個化學不平衡的生活及妄想狀態。

〈我常心理不平衡，指責別人，自責自己，怎麼辦？〉

處方06 平衡自己的不平衡

如果你覺得很不平衡，因爲先生一天到晚在外忙事業，偶爾上酒家逢場作戲，或在大陸創業，順便包二奶，也許拿錢回家，也許不拿錢回家，總之所有家事，包括小孩子的照顧、學業、生大小病，統統你一手包辦。你是如此的守本分，爲家庭奮鬥，先生卻在外面玩女人，你平衡不平衡？

你是一個好人，凡事都爲別人考慮、著想，一輩子從未做過傷天害理的事，與人相處總是以忍耐、退一步海闊天空的心態處理；你從不發脾氣，也不喜歡與別人爭，避免弄得場面衝突難看、大夥兒都不高興，總是壓抑自己的情緒，以和爲貴。卻有一天發現自己得癌症，要面臨死亡的威脅及種種治療的痛苦，你覺得自己心這麼好，命運卻如此對待你，你平衡不平衡？

你是家中最乖、最聽話的小孩，你爲這個家付出最多，父母卻只會偏袒那個不負責任、遊手好閒的弟弟或哥哥，不但無止盡的溺愛，還縱容他拖累家中的經濟，害你還得拼命工作，努力還債，你心中平衡不平衡？

我每天都在觀察這個世界，每天都在觀察活在這個世界裡的人們。身爲醫療系統裡的精神科醫師及新時代中心的身心靈諮商義工，每天都有無數人向我求助，我發現所有身心出問題的人都有一共通特質：心中不平衡。

有的抱怨太太不做家事，不照顧小孩；有的怨恨父母一天到晚吵架，家中氣氛永遠不得安寧；有的怪罪先生賺不到錢，而且性生活永遠無法令自己滿足；有的覺得自己能力強，學歷也不差，偏偏工作不順利；有的覺得自己賣力工作、負責盡職，卻經常被同事排擠、上司責罵；有的努力唸書，卻考不上好學校。所有所有的一切，都造成自己內心的不平衡。

然而，每個人面對不平衡的方式也全然不同，有的人受不得一點小委屈，一有不平衡馬上大吵大鬧，把所有的過錯推給對方，不斷地指責及謾罵；有的人則默默忍耐，壓抑自己所有不平衡的情緒，內心充滿了悲哀及沮喪，直到有一天生了重病才後悔不已；有的人則一下子想通了，想原諒對方或不想管了、不在意了，然後一下子卻又因爲心中的不平衡而爆發出來，每天都在痛苦、矛盾、衝突及掙扎中度過；有些人則永遠期待對方的回頭、改變、認錯、彌補，軟硬兼施，指責對方，自責自己，希望由對方來平衡自己的不平衡，但是，你靜下心來想一想，可能嗎？

新時代的思想是，你不可能由外界或別人的改變來平衡你的不平衡，你的不平衡是「你的」，而你必須在當下直下承擔了，開始學習讓自己平衡的能力，這才是在尋求眞正的解脫。

首先你必須面對及接納自己的不平衡，對自己負責任，對自己的快樂或不快樂負責任。如果你心中不平衡，你不能假裝它不存在，假裝一切都沒有發生，然後若無其事地繼續過日子。這樣子的話，最後你將累積巨大的不平衡，要不陷入絕望的

深淵，要不爆發重大的疾病，要不如行屍走肉般地麻木生活。你不能用表面的假象或理性的思考來自己騙自己，或不斷地找理由合理化下去，你一定要面對且看到自己的眞實感受，看到你的不平衡及委屈，這樣才有解決之道。

當你心中不平衡的時候，一定要徹底的明白，讓你自己由不平衡變成平衡，絕對是你身爲人類責無旁貸的工作。如果你讓自己持續不平衡而坐視不理，便是對不起全人類。因爲你沒有負起你應負的責任，而拖累了整體人類的生命品質。你一定要記住，你不可能要任何人、老天或社會爲你的不平衡負責。如果是那樣的話，那你生下來要幹什麼？你的靈魂來到地球上的目的，身爲人類整體的一部份，就是要來學習成長，就是要學習到讓自己平衡的能力及智慧，一旦你能了解自己的痛苦，才有能力去協助別人長養平衡自己的能力，才能爲整體人類做出你的貢獻。

但是，很多人誤會了這一點。比如說，先生外遇讓你很不平衡，你一輩子爲他辛苦、照顧家人、養育小孩、堅守婦道，他卻到外面玩女人。於是，你產生了心境上的不平衡，報復先生帶給你的痛苦，也到外面隨便交男朋友，結果也許破財失身，該享受的沒享受到，婚姻也毀了，卻又悔不當初。請注意，我說的讓自己平衡並不是出於報復對方的心態，對方讓你痛苦，於是你也讓他痛苦，讓他嚐嚐被背叛的滋味，以彼之道還施彼身，大家走著瞧。

因爲，藉由報復對方，也許你擁有短暫報復的快感，暫時因對方痛苦而讓自己平衡了一下，爽快了一下，但基本上這是一種互相折磨、共同沉淪的作法，並沒爲你的不平衡及痛苦帶來任何正面的幫助，你依舊沉淪在痛苦的不平衡中。

而你絕對有責任及義務讓對方明白你的不平衡，你必須很眞誠地說出你的受傷、你的痛苦、你的委屈，是用「說出你眞實感受」的方式，而非用指責批判的態度，怪罪一切都是對方的錯，要對方必須爲所有你的不快樂及不平衡負責。你知道，當人被指責的時候是很難認錯的（相信我，這種事連我自己都有很多經驗），只會自我防衛的相應不理或「不然你要怎樣」，那時你反而會更火大！因此，重點在於「眞誠地告訴對方你的不平衡，而非要對方平衡你的不平衡」。

再來，你必須要用智慧思考及理性判斷「讓自己平衡」，如果你只是和朋友談一談，看一些心靈成長的書籍，自己好好思索一下，就想開了，放下了，平衡過來了，那倒沒問題。如果你心中仍有巨大的不平衡，那麼就必須尋求改變，否則只會不斷的深陷在痛苦當中。

你可以和對方討論，對方要如何改變你才會平衡，對方如果不願意改變或不能改變的時候，你必須和對方討論其他讓自己平衡的方法。你一定要記住，不論你的不平衡是否對方造成的，你的不平衡永遠是「你的」，而解決你的不平衡是你的終極任務，對方只不過是協助及配合者的角色。當對方完全相應不理或愛莫能助時，你必須自力更生，開始自謀生路，向上提升，自己帶給自己快樂。

當你採取行動讓自己平衡，也許你周遭的既得利益者會開始不平衡。但是，你要記得你的出發點是要讓自己平衡，而非讓別人不平衡，而**讓你自己平衡的方法是既考慮你個人的利益，亦不損及共同的利益，如此做時，在一種宇宙巧妙的平衡中，反而會帶來整體的成長**。因此當別人表達他的不平衡時，因爲你已經平衡了，自在了，反而能以一種愛及接納的態度來協助他人平衡自己的不平衡。

〈我常做惡夢，覺得很害怕，怎麼辦？〉

處方07 夢是偉大的治療師

許多人只知道透過夢的解析可以了解一個人的潛意識，卻不明白夢具有最偉大的治療功能。人類的心智若不具有作夢的能力，身體根本不會健康，心理也絕對不會健全。

現代人大多只會用外求的方式治療疾病，比如醫藥（不管是中醫還是西醫）、健康食品、運動、民俗治療，卻不懂得開發人天生具有的寶藏。人本身具有許多偉

大的「自癒能力」，不管意識上知道與否，你的身心兩者每天均透過不斷的自我療癒，幫助你遠離疾病、恢復健康。其中又以「夢」具有最偉大的自我療癒功能。

舉個例子好了，有一次我幫香港的一個華人做治療，她提到自己有失眠做噩夢的情形，所以來求助。後來我仔細探詢她的生活史及人際關係，發現她的失眠緊張起源於先生開始創業不久，因爲近幾年生意不好做，因此先生承受很大的壓力。但是先生卻不會向太太吐露自己的難過及委屈，只會莫名其妙的發脾氣。（不要覺得奇怪，其實很多男人都是這樣。）

每次太太回家看到先生，完全不曉得先生何時會「鬼上身」；太太描述先生在過去一直是個很好的人、負責任、努力工作，也知道先生是因爲工作壓力而「失控」，害怕如果先生不發洩出來會生病，因此她默默忍受了許久。但這位太太卻開始失眠，並經常作噩夢。她描述自己的夢境：有人用槍指著她，連開兩槍，又擔心她沒死，結果回過頭再補一槍；太太經常因這類的噩夢驚醒，嚇出一身冷汗，有時再也睡不著。

後來我在幫太太分析夢境時，她想到先生發飆時，經常用手指著她罵，她的感覺是「彷彿要置我於死地似的」，完全不明白婚前那麼溫和愛她的男人爲何變成野獸。這個夢分析起來非常簡單，雖然先生用手指著太太罵，太太卻感覺自己的心彷彿被子彈打碎了，而且感覺先生彷彿要置她於死地才罷休。

然而，太太這樣的恐懼、這樣的壓抑卻又無處宣洩，她並不想向別人訴苦，以免破壞先生的形象。對任何一個正常人而言，這種負面能量的壓抑都會造成身體化學物質的不平衡，如果不懂得平衡，早晚身心一定要生病。

縱使很多人還是沒學會處理壓力、宣洩情緒，但是，人類是有福的，因爲人類會做夢，你那會做夢的自己可遠比你聰明多了，「夢境」在心境的平衡、能量的釋放及願望的達成上都具有偉大的功能。這位太太在白天累積的恐懼能量若持續不斷，將開始攻擊她體內的器官及細胞，造成荷爾蒙的失調，產生眞正身體的疾病。透過「夢境」的形成，白天累積的化學物質到了夢境開始轉化成「恐怖的噩夢」，**在夢中個人可能將恐懼大量釋放，或將白天累積的攻擊性憤怒盡情發揮**，當被追得嚇出一身冷汗，或在夢中淋漓盡致地發怒之後，**身體的負面能量也一掃而空，又能在次日再度充滿活力地健全運作**。這便是那位太太在這麼多年之後仍未生病的最大

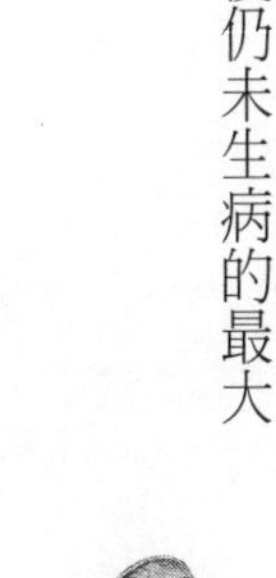

原因。

就身心靈健康觀而言，有些安眠藥會妨礙夢境的形成，也阻礙了夢作爲大治療師的功能；因此，長期依賴安眠藥對身心都是不健康的。另外有一些走錯路的修行人，不但用僵化的教條及戒律壓抑自己白天的所言所思，恐懼邪念、邪見、邪行，對人性及自己的本性全然不信任，甚至到後來，這樣的人連自己的夢境都想「檢查、掌控、制約」，進一步壓抑夢的內容及心靈自由自在的表達，因此愈修看似愈精進，身體反而愈糟糕。

此外，夢境及潛意識是非常幽默有趣的，比如說，有些人在小時候睡覺時尿很急，可是又不想起床上廁所，於是潛意識便製造出上廁所的夢，不幸的，身體卻尿床了，這個人長大後潛意識也變聰明了，雖然同樣膀胱滿了，也仍不想起床，但這時若在夢中找到廁所必定會「心安理得」的尿床，於是潛意識便會製造出一直找不到廁所，或廁所很髒、根本沒法去上，或排隊上廁所的人很多的夢境，於是，主人便可以一邊滿足睡眠的需求，同時不用擔心尿床。

因此，作爲身心偉大的治療師，在阻止尿床上，夢境實在是具有偉大的功能。

〈千萬不要一時衝動，否則就會很慘？〉

處方 08 以理性跟隨內在衝動

內心的衝動大致可以區分爲兩類，一類是來自潛意識的壓抑，另一類是來自「神聖內我」，即無意識的智慧及知識。

現代人及心理學對「衝動」存在著許多的誤解，他們大多從「人不爲己，天誅地滅」及「人有邪惡的天性」等觀點出發，因此，來自內心的衝動被認爲是違反理性、造成動亂或破壞人際和諧及社會秩序的根源。我們也常在社會新聞看到這類消息：某人一時衝動，犯下大錯，等恢復理智時為時已晚。因此學校教育及師長常一再的告誡我們：「千萬不要一時衝動。」

這類會令我們後悔的衝動通常由兩個原因形成，一是我們經常壓抑眞實情感的表達但又想與別人溝通的衝動。一般而言，理性思考是很好的東西，能幫助我們評估現實情況，採取有組織、有效率的方法來解決問題；但是當理性運用過度，變得顧慮太多，充斥害怕失敗的恐懼，及失去自信舉棋不定時，理性會反過頭來壓抑我們內心情感的表達，令我們覺得不好意思，害怕被嘲笑、被拒絕、表錯情或不恰當。這時，你的理性應對表達情感的衝動讓步，大聲說出你內心的感受，只要你是出於善意、眞誠及眞實，就算被拒絕、被嘲笑又如何？至少你勇敢地表達過。做你自己——你一定得建立這樣的人生觀，否則等七老八十再回顧一生，肯定會留下許多遺憾及懊悔。

理性還時常會壓抑你內心想與人溝通的衝動。當我們感覺自身和別人存在著一種誤解，或別人不顧自己的感受，一再侵犯你的個人界限，令你感覺不舒服的時候，此時你的內心升起一股想和對方溝通的衝勁，你會希望「說清楚，講明白」，想去澄清誤會，告訴對方事實不是如此；你也會想告訴對方，他這樣做你並不高興，希望他不要再犯。

但此時，你那龜毛的理性又說話了，幹嘛！他要誤會就給他誤會，我可不想再解釋些什麼，何況解釋眞的有用嗎？另外，你或許也是個怕破壞表面和諧、怕起衝突、不願表達自身眞實感受、怕得罪別人的濫好人。表面上都和和氣氣，什麼事當面都不講，其實自己心中氣得要死，恨得牙癢癢。再次的，你的理性強壓下想與人溝通的衝動，於是你們之間的誤解及鴻溝愈形擴大，不斷累積的結果，最後遭遇的是「溝通已成絕望」的無力深淵，可是問題卻又愈來愈大，愈令人不可忍受。此時，「想溝通的衝動」終於透過層層的壓抑，轉成想打人、想罵人、想開車撞人、想拿刀砍人、想掀老闆桌子甩頭走人的衝動。

另一個令大家不信任內心衝動的原因是，太多的理論基礎，如宗教家、哲學家、動物學家、遺傳學家、心理師及精神分析師，告訴我們：「人性本惡。」或人性各有善惡，但爲善則必須由後天的教育、道德及宗教的教化而來；人若隨順自己的天性，跟隨內心的本能衝動，則爲惡的傾向恐怕較大。君不見，人若沒了道德、

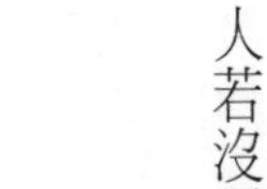

宗教及法律的「束縛」及「懲誡」，不是「一不小心」就受到本能及魔鬼的引誘，自私自利、爲惡起來了嗎？

在這些謬誤理論的助長下，人們也的確普遍相信，自己內在的確有自私邪惡的部份，一定得用理性約束才行。因此，自己本身是如此地不受信賴，以致任何一種來自內心的自然衝動都變成了「嫌疑犯」。就如賽斯在《個人與群體事件的本質》這本書提到的，人們預期自己的動機會是自私的，因爲大家都這麼說，而當逮到自己有不友善的動機時，甚至會深以爲慰，至少自己還是正常的，多可悲的扭曲現象啊！

以上兩種原因都是造成我們潛意識出錯及混亂的原因。然而，問題並非出在潛意識本身，而是「意識心」自己的錯誤觀念及理性過度壓抑所造成的。因此，由這類潛意識傳來的衝動不是要來讓我們盲目跟隨的，而是要做進一步的省思及自我覺察：我是否經常壓抑想與人溝通及表達眞實感受的衝動？我是否不信任自己天生就是善良的、天生就渴望去做有益人類的利他行動？就如賽斯所說：「**人不但必須要行動，還必須建設性的行動，而且他還要為覺得自己是為善的目標而行動。**」多棒啊！

〈我不快樂，覺得迷失，有很深的無力感？〉

處方09 化解生命的無力感

新時代大師賽斯理論之可愛處在於，他會提出許多科學的新理論來解釋宇宙的起源，爲未來科學研究的方向提出令人興奮的前瞻思想，還不止這些呢！賽斯所提出科學的新思維，對於我們理解自身的生命及如何克服無力感更有無上的助力。

舉例而言，賽斯一再強調：「每個原子與分子，或任何科學家所能假設及證驗的基本粒子，都擁有一個意識。」整個宇宙基本上是一個心靈的、精神的或心理的

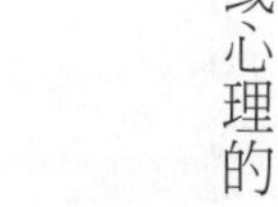

具體顯現。如果將來整個科學的研究方向不是以這樣的思考作為理論基礎的話，那麼科學家就永遠是「客觀的」在研究宇宙的表面，而非眞正了解這個宇宙。此外，將來任何的科學新理論，若希望能透過解開物質及宇宙的奧秘，獲得了不起的偉大知識及技術，造福全人類，也一定得以賽斯的這個聲明為基礎，否則科學愈研究下去，只會愈背離人性及生命，最後成了威脅地球及摧毀生命的可怕冷血怪物，各位讀者難道不覺得現今的科技已開始違背生命了嗎？

沒有一個原子或分子是完全相同的，它們都有其獨特意識，就如人類也是一樣。一粒分子及一個人之間其實存在著許多相似性，人與分子都擁有獨特意識，兩者都住在「可能性」的領域裡，因此，人與分子的命運都沒有被決定。

原子分子住在廣闊的現在，保持它們獨特的癖性，傾向合作；在一場合作性的冒險裡，它們形成各式各類的化合物及更複雜的結構物，依此展現出這整個多采多姿的物質世界。原子分子的命運並沒被界定，一顆氧原子並不「命定」一定得和兩顆氫原子形成水，但它「傾向」、「喜歡」和兩顆氫原子結合，而欣喜地見到因這樣的結合而呈現出截然不同於它原來特性的水分子。這就好比你並沒註定一定得吃蚵仔煎，只是你每次到夜市都「傾向」吃蚵仔煎一樣。

原子與分子住在可能性的世界裡，它們依其自身的個性（就是物理學家所稱的物理及化學性質），歡喜地與自己及其他各式各類不同的原子分子「跳舞」，充分探索自身所有的可能性。就像氧氣可以呼吸，氫氣可以做氣球飄來飄去，兩者結合起來卻變成可以解渴的水，多奇妙呀！

既然原子與分子是如此歡喜地做它們自己，又與彼此進行一場合作性的冒險，它們的命運不但沒有被註定，更展現出生命的燦爛與美麗，那你呢？各位親愛的朋友，難道你的命運是註定要悲慘、不快樂且充滿無力感嗎？不會吧！

不知道你有沒有發現到，我們住在一個具體的時空當中，生命卻也被所有的可能性所圍繞。一早起床你感覺想做這或做那，想到這家公司、那家公司，或根本不想上班；想買這本書、那本書，或只想買有聲書。每天的你都充滿了機會，選擇了不同的機會就會展現不同的命運；每天的你都充滿了選擇，有許多的可能行動爲你所覺察，圍繞著你的生活，卻都等著你去選擇。一旦你在無數可能的行動中選擇了一條路，那條路立刻成爲時空中具體的行動路線，成爲你的血肉之軀、思想及情感

所具體體驗的人生道路，成了你的命運。

你是有福的，命運如原子分子一般，並沒有被註定。因此你是被所有的可能行動環繞著，每個都在輕聲細語地呼喚你，走這條吧！走這條吧！讓這條成爲你的命運吧！然而，迷惑的你，面臨人生的諸多選擇，在命運的十字路口，你該向左轉、向右轉，還是根本就該回頭？

你是有福的，除了外在世界有無數的選擇外，我們的內心還會感覺想做這個或那個的衝動。衝動是來自內在神聖內我的提示，是我們在如迷宮般的人生與茫茫人海中的明燈，有些衝動可以有意識地知覺，有些則否。透過這些內在衝動，彌補了我們理性、邏輯思維及經驗上的不足。通常，只靠我們有限的資訊及經驗，或理性上的抉擇，在人生當中是找不到方向的，尤其當遭遇生命困境或一份痛苦的關係時，我們不僅全然迷失、猶豫不決，有時甚至感到深沉的無力感，陷入絕望的深淵。

此時唯一的拯救之道就是：來自內心的衝動。但這並非來自潛意識扭曲的衝動，而是內在神聖內我的智慧之音，**唯有以理性的心智傾聽、了解、評估及跟隨內**

心的衝動，才能徹底化解生命的無力感，在重重的困難中打開一條有效的行動路線，開啓一整個生命的希望。

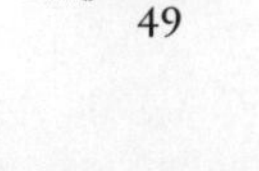

處方 10

打開身心能量的通道

〈我彷彿對生活中各項事物已失去熱情，怎麼辦？〉

來自內心的衝動，如果源自「神聖內我」，應該具有幾個重要特質，且聽我道來：

一、衝動來自無意識的知識，由細胞的預知能力升起。在那個層面上，身體能覺察我們意識上不知道的心電感應訊息，及所有過去、現在、未來的可能性。因此，衝動是來自內在的智慧，打開我們連想都沒想過的新契機。

二、衝動並非簡單的只是生物上求生存的本能反應，或來自潛意識的自私邪惡動機，這些都是人們自我認識不清及錯誤詮釋的結果。反之，你私人的衝動是建基於你內在與眾生一體、與萬物一體的共識。因此，你的衝動總是因應你最大的利益，也必定因應這世界的最大利益，更偉大的是，它也會把地球上所有的動植物及自然生態的最大利益納入考慮、創造雙贏、多贏、大家一起贏、全宇宙通通贏、生活更有品質、生命更快樂的未來。

三、每個人內心都燃燒著去行動的強烈欲望，去做有益的、利他的行動，眞的爲這世界貢獻一己的力量。但現今有太多人不但懷疑自己生命的意義，更深深的爲無力感所籠罩。賽斯講得非常斬釘截鐵，我們一定得學會信任自己內在自然的衝動，它會帶給我們個人的力量感，粉碎那些自認無用及無能爲力的錯誤信念。我們會眞的了悟到，採取行動的確「是有意義的」，進而採取有意義的行動，我們眞的可以影響這個世界、改變這個世界，而立刻看到一個好的結果正在發生。透過信任內心的衝動，我們每個人在自己所在之處，在日常生活中全力去實現心中理想的善；因爲你有衝動，採取行動，個人不再無力，改變不再無望，理想不再遙遠。重要的是，你開始過一個有熱情、有意義的生活。

四、來自內在的衝動是維持我們心理健康及平衡不可或缺的要素。大家不知道的是，如果沒有衝動，我們具體的器官也不可能正常運作。因此，衝動提供身心兩者源源不絕的動力及生命力，這一陣陣的爆發，讓器官機能平順運作，促使身心向外採取行動——不只是存活，而是採取有力的、讓自己及這個世界更好的行動。許多的身心疾病，精神上的精神官能症及精神病，身體上所有一切的病痛（包括癌症），都是來自我們一方面承受外界壓力、一方面感到自身無能爲力所造成的，此時，我們內在的「神聖內我」，以其無邊的智慧及無盡的愛心想要幫助我們，透過一陣陣的衝動，意欲幫助我們「行使力量」，採取解決困境的有效行動。

無奈的是，我們從小就不認識衝動，也被教導不去信任這份衝動能量，因此，在心理上被阻塞的衝動能量顯現出憂鬱症狀，或累積過多爆發爲焦慮及躁症，而生理上阻塞的能量則形成了所有肉體的疾病，如果我們能與內心衝動重新取得聯絡及信任關係，打開身心能量的通道，重建行動的有力感，許多身心疾病當會不藥而癒。

五、平常的自己大多是藉由理性思維建構起來的狹隘自我。你想想看，自己有多久沒像個孩子般的自由自在、隨心所欲、大聲叫、用力跳、爲生命的喜悅及活力所充盈？當我們成人之後，多半被困在「理性的框架」，被迫與自己更大的生命孤立，因此我們可能有錢，有好工作、好家庭，可是不快樂。理想的說，**若我們開始學習跟隨內心的衝動，就會打破狹隘的理性自我，找到自己更大的身分感及重新發現生命的意義，感覺到內在生命的「衝動形狀」**。慢慢的，衝勁不再是無厘頭且不可信任的，我們學會透過衝動開啓人生的方向，與內在源頭的自己親密了起來，再也不必費心追尋人生的目的及生命的意義，因爲我們會自動開始過一種滿足的、行使身心力量的快樂人生。

親愛的朋友，讓我們不再迷失，不再盲目跟隨外界的聲音，讓我們回歸內心，跟隨神聖內我的衝動共創美好的生命。以下這四句話我常用來勉勵自己、學生及病友：「人性本善、信任自己、跟隨衝動、共創大同」。在此願與各位分享。

〈遇到挫折，心情鬱悶，怎麼辦？〉

處方11 天天創造好心情

你希望每天都有好心情嗎？較容易有好心情的人彷彿冬日裡溫暖的太陽，人人都喜歡親近，據說好事也比較容易降臨在有好心情的人身上！

但如何才能有好心情呢？好心情是可以創造的嗎？如果好心情是可以創造的，那麼當我們覺察自己情緒不好時，就可以透過有意識的努力，將自己帶離壞情緒的風暴，駛向風和日麗的一天。

賽斯書的傳訊者「魯柏」——當然，這並非她俗世肉身的名字，她這一世的名字是珍．羅伯茲，而「魯柏」這個名字指的是她「全我」的一個恰當稱呼。按照賽斯的理論，我們現在都只認識自己這一世的人格，事實上，我們眞正的身分，我們全部的本體遠比此生的自己更爲寬廣。身爲人的目的之一便是認識自己、超越自己，了解到我的這個自己只不過是我全部本體在此世當中的一個顯現。因此之故，賽斯稱呼珍．羅伯茲爲「魯柏」的目的在於：請不要畫地自限，也不要把你認識的這個自己當成全部的自己，請「不要小看你自己」，你眞正的自己，你的全我，絕對是一個有著極大能力、愛心及智慧的自己。

你的內心充滿著強烈的渴望，渴望成爲「全我」，而「全我」也充滿愛心及智慧地滋養著你，渴望透過你有意識的覺察到祂，來令你更成爲你自己。每當我自己浸淫在這樣的覺知狀態時，不論現況有多麼惡劣，心情有多麼沮喪，我的內心會立刻升起活力、快樂及充滿希望的心情——眞是令人期待的一生及明天啊！

當然，魯柏有時也會陷入沮喪的心情，因爲他常常不容許自己浪費時間，期待自己的每一分、每一秒都能從事創造性、具生產價值的工作，且產生有益世界的作品。因此，當他搜索枯腸、靈感耗竭的時候，便會感到挫折，對自己發脾氣，此時賽斯給了他非常實用的建議：

首先，賽斯要魯柏記得，**「放鬆是創造力最偉大的鬥士之一」**。當你遭遇困境、無法解決困難、又要面對艱難且辛苦的一天時，會陷入惡劣的情緒，覺得世界爲何不消失，或自己乾脆死掉算了！你會更著急、更緊張，吃不下、睡不著，竭盡心思解決問題。可是，往往你愈想解決事情，就會把結打得愈緊。我不知道大家有沒有碰過毛線球打結或釣魚線纏繞的情況，我的經驗是愈急愈解不開，愈解愈結。此時你該做的是「放鬆」，心中懷著**「宇宙是神奇的，我是受到祝福的，而事情一定會圓滿解決」**的心情，深吸幾口氣，甚或去從事放鬆身心的愉快活動。這不代表你在偷懶或事情必定愈來愈糟，反之，**你內在神奇的自己正在作用，正在為你找出最佳的解決之道**。你若不放鬆，拼命緊張、焦慮、像隻無頭蒼蠅亂竄，祂不但幫不了你，而且祂所傳給你的「天外飛來一筆」或「靈光乍現」，你也根本收不到。因此，懷著信心及信任，愈不費力，事情愈容易完成。

其次，你必須從事一種自我調查及自我覺察，在任何既定一天當中，到底哪些

時段是你心情較佳的時刻；清晨一起床、臨下班、做完晚飯，還是上床的那一刻？你必須深刻的去覺受，去集中注意力在「好心情的時刻」，而非「爛心情的時刻」，然後一再的擴大及延長。

此外，你還必須開始覺察到，「爲何那個時刻我會有好心情？」舉個例子，過去，傍晚總帶給我溫馨愉快的心情，因爲結束了一天的繁重課業，趁天未黑，牽著小狗去追逐夕陽，與家人朋友嬉鬧、打球，總之，很快樂就對了。你也能以同樣方式記起你的好心情，去刻意安排它、複製它、延長它。相信不久你的好心情就會增加，你想想，一天才二十四小時，好心情增加，壞情緒自然就減少囉！

在這裡，「每日假設」也很重要，所謂的「週一症候群」，指的就是假日的好時光結束了，又是一週討厭、繁重工作的開始，懷著這樣的觀點，週一早上當然你會心情惡劣。此時，調整一下自己的假設，「我終於又有時間來計畫及醞釀下次出遊囉！」認眞工作，拼命遊戲。只要你能覺察及更改自己的每日假設，整整一週的好心情就是你的囉！

喜歡我的觀點嗎？祝福你天天好心情。

〈我想和別人親近，但怎樣也做不好？〉

處方12 眞心眞意的人際關係

許多人都希望可以改善自己的人際關係，在人際和諧的狀態下，我們會感受到幸福及愉悅，而非孤單、痛苦及遺憾。但到底如何才能眞正的改善人際關係呢？市面上已有太多關於技巧及方法的書籍，但我今天想由更深入的身心靈角度來探討。

首先是基本人生觀的建立，即「每個人的存在皆有其意義與價值」，「宇宙萬物及人類皆具有善良的動機及意圖」。這樣的心態會將我們導向信任及接納，而非恐懼及排斥，我們會願意敞開自己的心胸，與人進行眞實情感的交流，也願意表達內心眞實的感受。那是一種建立在對人生、人性的信任，一種眞情流露，這與一味的重視溝通技巧，建立彷彿很好的人際關係，但內心其實孤獨得要死是全然不同的。

這樣的存在狀態，我們會認知及體會自己存在的獨特性，感覺自己在宇宙及人生中有著不可磨滅的重要性，我們不只是我們自己，也是宇宙及大自然廣大生命獨特的部份，我們的存在「是」有意義的，而存在即意義。

其次是一個認知的問題，我們要盡量看到別人善良的那一面，盡量將我們注意力的焦點放在別人表現好的地方，而非專門看到別人愚蠢、無知及人性低劣的那部份。如果你是那種很聰明的人，常常一眼就看到別人的缺點，看到別人自私自利、自我防衛的部份，那麼，你彷彿就是人類惡行劣跡的收集者，而且按照「你創造自己的實相」這個觀點，你會在自己四周創造出更多的負面事實，舉目所見周遭之人，不是笨蛋、白癡，就是邪惡。

可怕的還不只此呢！你會因此而進入提防、多疑、負面的人生態度，你不能眞正的信任及接納自己，也無法信任及接納別人，表面上也許你想改善人際關係，想和別人親近，卻發現怎麼做都做不好，那是由於你眞正的內在，仍充滿了恐懼及不安全感。在情緒層面上，你會因爲這樣負面及悲觀的思考而產生莫名的沮喪、焦慮及易怒情緒，卻怎麼也不明白爲何自己總是那麼不快樂！

再來最重要的就是行爲層面，請大家謹記下面這段話：

「第一、積極回應他人的善意；第二、若別人的不友善言行乃出自誤會，則發乎真誠的努力澄清；第三、對別人投射性的不滿及彷彿的不友善，以一笑置之的方式予以忽略。」

在心理治療臨床上，我常看到這樣的例子，人們常會對別人攻擊性及批評性的言語耿耿於懷，心中的芥蒂愈來愈大，內心的傷痕、防衛性的不滿及憤怒也無限上綱，以致對他人曾有過的善意，或其後所有善意的釋出完全視而不見，久而久之，你內心剩下的就全是所有對人的不滿及憤怒。

這時候，如果我們眞正去內觀，會發現其實一直不原諒對方，只因爲我們從來沒有眞正的接納及寬恕自己，此時一味強求要原諒及寬恕對方根本就不可能，我們

必須看到的是，也許在內心一直指責及控訴自己的人根本就是自己啊！認清這一點，我們才可能眞正的解脫。

「積極回應別人的善意，刻意忽略別人的不友善。」表示我們將自己的行爲及情緒掌握在自己手裡，並不隨別人如何對待我們而被牽著鼻子走，而且會因此在自己的人際關係中創造出良性的互動。我們是針對別人人性中的友善及溫暖而起反應，予以正面的加強，也會因而創造出人性更多的眞、善、美。同理可證，若我們只看到別人的不友善，要嘛會退縮逃避，要嘛會消極與之對抗，要嘛就直接槓上了，這樣在暗地裡或表面上的針鋒相對，只會讓你的人際關係更惡劣罷了。

〈我和對方愛得深，恨得也深，是累世的宿緣嗎？〉

處方 13

全新的「前世因緣」

現代人類的意識只能記起這一生的過去，而轉世的記憶尚埋藏於個人潛意識的底層，雖然目前的人格在意識上並不直接知道自己過去轉世的記憶，但確實每個人每一生的每一天都深深受到轉世記憶的影響。

也許你有那種初識一個人、便有似曾相識的奇怪感覺，那種感覺完全沒有辦法用理性及經驗來解釋，那正是因爲你根本是在前世認識那個人的。老實說，你現在

的家庭關係、同事關係、同學關係和朋友關係大部份都是「前世關係」的續集。所有人的前世紀憶都在潛意識層面牽動著你。

但有個觀念一定要很清楚，**「人並不受前世經驗、前世因果或業障所侷限」**，這是新時代賽斯思想一直強調的，**你會受過去經驗的影響，但你依舊是自己人生的創造者，過去的轉世經驗是你的資產、你的學習成果，而非你的包袱或負擔**。

在這一世你仍然可以全然自由地創造你的命運及健康，大幅改變你的人生。除非你逃避負起自己的責任，自認是某個前世不幸經驗的受害者，這樣你才是眞的受害。這是新時代思想最積極正面的地方：了解你的過去，只是爲了超越你的過去，以便創造新的未來。

但我到底要如何才能看到在此生所有的人際關係網中暗藏的轉世關係？到底這一世的父母只是這一世出生之前決定的，還是轉世劇當中的第三集或第四集，在過去幾集一直沒搞好彼此的關係，這世才又聚在一起？

到底這世傷我這麼深的初戀情人與我有沒有其他累世的宿緣，以致彼此如此地難分難解，愛得深，恨得也深？很多人在這世遭逢重大的刺激或打擊，都會問一句話，到底前世種了什麼因，以致今天有這個果？

在此我可以提供一些簡單的思索材料：如果你與對方有一種先天性的關係，比如雙胞胎，或智障的小孩，或是你與對方有一種牽扯很深的互動關係，在情感的層面上又愛又恨，想離開偏偏又擺脫不掉，困在那份彼此束縛的關係中，那麼你面對的大概是一份與轉世關係密切的此生功課。

你可以問問自己的內心，如果把此世的關係及角色拿掉，你感覺自己是對方的什麼人？而對方又像你的誰？有些人雖然名爲夫妻，但事實上先生有時比你的小孩更像小孩呢！有些人此生的關係是兄弟姊妹，但你也許有過奇怪的感覺，彷彿你們以前當過夫妻似的。這類奇怪的、不合邏輯的感覺也許常浮現在你的腦海，但均被你忽略掉了。下次當這樣的感覺再出現時，也許那就暗示了你們過去的轉世關係呢！

但如果只是知道某人前世和你的關係，這是沒有意義的，甚至會妨礙了你此生和他之間的功課。因爲你也許連這一世和對方的關係都搞不定了，何況是那許許多多的前世因緣。

在我自己的臨床心理治療歷程中，從事相當多的夫妻治療及家族治療，我發現，只從簡單的精神分析理論及心理治療理論，並沒有辦法幫助我看清這對夫妻或這個家庭爲何變成這個樣子。許多人會去從事所謂的前世追溯催眠治療，但我發現其實催眠出來的「前世因緣」大部份是潛意識受引導暗示想像出來的情節，並不是眞正的轉世經驗。

在我的治療中，會先釐清這段因緣的來龍去脈，深入的傾聽及了解；和其他治療最不同的是，我會看到這樣的互動，不論多痛苦、多悲慘，它一定有個正面成長的力量蘊涵其中，也一定指出一個希望，我會對所有的一切，不論正面或負面，都抱持肯定的態度。

如果在我的直覺裡，感覺到這份因緣和轉世有關，也會努力深入自己的心靈，了解現在這份複雜折磨的關係到底和前世的關聯爲何？希望透過這樣的治療，在這一世同時解決累世的仇恨，及預防將仇恨帶往來生。

處方14 愛一個人比愛所有人更難

〈我沒辦法和身邊的人相處，但和外面的朋友就沒問題？〉

新時代大師賽斯說：「如果你沒辦法眞正的愛一個人，你也不可能愛所有人。」很多人和自己身邊的人關係非常不好，無法彼此了解及接納，甚至一溝通就開始吵架，這樣的人也許會宣稱，「我就是沒辦法和身邊的人相處，但是和外邊的朋友則完全沒有問題。」也有另一些人，和身邊的人無法進行眞正情感的交流，卻宣稱：「我愛我的同胞，我愛我的國家，我愛世界上的每一個人。」聽到這種話我都會覺得有點好笑，難道你身邊最親近的人都不是人？

宣稱自己對全人類有很深的愛、卻無法眞正的去愛一個身邊的人，這是很容易也滿可笑的，若你無法全心全意、無條件的去愛一個人，你根本體會不到愛，也無法明白什麼叫做眞正的愛，可是你卻自認爲可以去愛很多人，可以展現你對全人類的愛——那是一種如漿糊稀釋般的愛，是沒什麼意義的，但你可能還會沾沾自喜，自認爲能「化小愛爲大愛」。

我們來到人間眞正的功課，都是來自和身邊最親近的家人及朋友的相處，若非如此，你又怎會在如此龐大的因緣網當中和對方緊緊相繫，並牽扯出如此多的憤怒、傷心、不滿及愛恨糾葛。

在我很多的心理治療經驗中，發現每個人周遭的人際關係其實就像是一面鏡子，反映出這個人內心的狀態。一個心中有和平及愛的人，他周遭的人際關係就會充滿了愛及和平的能量，一個心中經常憤恨不平的人，他的周遭也常常會發生不好的事情。

賽斯的另一句名言是：**「如果你無法真正的自我接納及愛自己，你也不可能去**

愛任何一個人。」這句話我花了很多時間去體會，後來才覺察到，原來很多周遭的人其實也就是我們自己，尤其是最親近的人；**往往我們對待周圍最親近的人的方式，其實就是我們對待自己的方式**。

我常聽很多個案在抱怨，爲何爸爸總是對外人很客氣，總是笑容可掬及來者不拒，可是對自己的小孩則異常嚴厲，連一句讚美或簡單的謝謝也從來不說；或是很多人在外面做人很成功，可是一回到家馬上批判起自己的父母。後來我終於發現，人畢竟是藏不住自己的，我們在外面的世界，在社交及生意場上可以僞裝，可是當和最親近的人相處時，「龜尾」常常就跑了出來。

並不是「龜尾」不對，或是應該再縮回去藏起來，而是那正是我們自我認識及自我覺察的最佳時機。常常我們對最親近的人，因爲太親近了，而且太熟悉了，所以時常忘記掩飾，來不及掩飾，或根本不想掩飾，於是我們眞實的面貌幾乎只顯現給生活在一起的周遭親近的人。

我們應體認到，自己其實就是自己最認識、最熟悉、最親近的一個地球人，倘若你連自己這個地球人都不能眞心接納，或對自己產生一種疼惜的愛意，那你怎麼

可能去愛或接納你之外的任何一個人類？你對周遭再如何親近的人的了解絕對比不上你對自己的了解，而他們與你之間的不同，更是對你自身的愛、包容及接納的一個挑戰。

我們周遭的「近人」，其實就是我們內在「人性」的投射，有時我們能對別人有愛及鼓勵，但是對自己卻過於嚴厲及要求完美，所以有時必須「把自己當別人」，記得善待自己及疼惜自己。但是，當我們忽視其他人的感受，且無視自己加諸他人的痛苦時，又必須學會「把別人當自己」，這樣才能培養出人飢己飢、人溺己溺的同理心。

如果你無法眞心的自我接納，眞心的愛自己，你也沒有辦法眞正的去愛一個人；如果你無法眞正的、好好的去愛一個人，你根本不可能去愛很多人。因此，建議大家，愛要由自己及親近的人做起。

處方15 愛與不愛，愛永遠在

〈他愛我，他不愛我，好煩，眞的好煩？〉

以前總以爲父母愛子女是天經地義，而子女不孝父母則時有耳聞。直到接觸心理治療這個領域才發現，原來那麼多兒童的行爲問題、青少年的情緒障礙，或成年人的精神官能症，都是由於「缺愛」造成的。

缺愛症可分爲三類，第一類是根本沒有人給予足夠的愛；第二類是得到的一直都是扭曲的愛，以愛之名，但行的卻是過度關心、過度保護、過度控制及批判；第三類是你一直有得到愛，卻一直在抗拒，且不承認那就是愛。

男女之間的情愛或婚姻中的外遇也是如此，人生最大的痛苦均來自於沒有人愛你，或你希望愛你的人卻不愛你。因此，愛與不愛之間，今天愛，也許明天就不愛了；今天是你的先生，也許明天成了別人的情人；或你覺得自己的父母從來沒有愛過你。

愛或不愛有那麼大的分別嗎？當你感覺被愛時，彷彿生命充滿了陽光，打從心坎裡甜蜜；當你覺得不被愛時，有一股極大的痛苦及悲傷，宛如人世間再也不值得留戀似的。

不管你出生在哪個家庭，成年之後的人間旅程如何，愛與不愛都牽動了你最深的靈魂，決定了你的笑容及生命中的苦痛指數，不斷地輪迴且一而再、再而三地上演。

有愛，沒有愛；他愛我，他不愛我；我愛他，我不愛他。好煩，眞的好煩，到底愛是什麼？情愛又是什麼？爲什麼愛與不愛的差別那麼大，而牽動的情緒又是那麼的令人難以忍受？愛的時候喜悅、自信，不愛的時候痛苦、失落，難道人與人的關係就在兩者之間交替，而整個人生的過程就在愛與不愛之間擺盪？

身爲茫茫眾生的我也有同樣的疑惑，當與某人關係好的時候會覺得開心、正面、有活力；當與某人關係惡劣時，會覺得難過、悲傷、心情惡劣。可是，與周遭人關係的好壞似乎又不是我能一手決定掌握的。到底該如何看待這一切呢？

十餘年來以不斷鑽研賽斯書作爲修行法門，我不停地拆解、消化吸收所有賽斯書中的智慧，並不斷的實現在日常生活中及作爲心理治療臨床的依據，成爲自己持續進步的動力。最近以來，我有一個相當重大的體會及領悟，那就是，不管人世間有多少的愛或不愛，這都只是一個表面的現象及遊戲規則。意思是說，不論是愛或不愛，它們的根源都是愛。

當你不愛一個人了，心中再對他沒有牽掛，也不想對他好及與他有所關聯，究其實你只是轉向一個不愛他的自己罷了，意思是說，你只是不再集中焦點於那個愛他的自己，你的「不愛他」是排除了「你愛他」。於是，當你不愛他時，你內心的某個深處，不但曾經愛過他，現在仍愛他，將來還是會繼續愛他，只是你已選擇不再認同那個愛他的自己。你愛他與不愛他雖然對你或他來說，有著天差地遠的不

同，心情更是南轅北轍，但是，究竟而言，在你愛他或不愛他之前或之後，你都是愛他的，只是有沒有具體顯現在你的心情及兩人的人生際遇上而已。

因此，任何一個人類與人類、人類與宇宙萬物之間的關係都是愛，也都深深的存在著一個愛與被愛的實質關係。不管你的父母愛你或不愛你，或你有沒有一個父母來愛，你都是被愛的。縱使你的父母眞的不愛你，你也感受不到他們對你的愛，他們也承認對你並沒有付出愛，或是你聽他們的話，他們才愛你，你不聽他們的話，他們就不愛你。請你絕對要相信我，不管他們愛不愛你，他們都是愛你的，而且不管你愛不愛他們，你都是愛他們的。表面上的愛或不愛，表面上的被愛或不被愛、在一起或不在一起，都只是一個表相罷了。

不論愛或不愛，關係良好或破裂，你眞的愛對方或不愛對方，對方眞的愛你或不愛你；還是你與對方根本還未相識，空間相隔萬里或時間相隔千年，愛與被愛都是個永恒的事實——不管表面上看來如何，或是否已經發生。

請你一定要相信我。**不管他愛不愛你，他都是愛你的；不管你愛不愛他，你都是愛他的；不管愛或不愛，愛都在，也不管愛看起來在或不在，愛永遠在。**

信念篇——心想事成不是夢

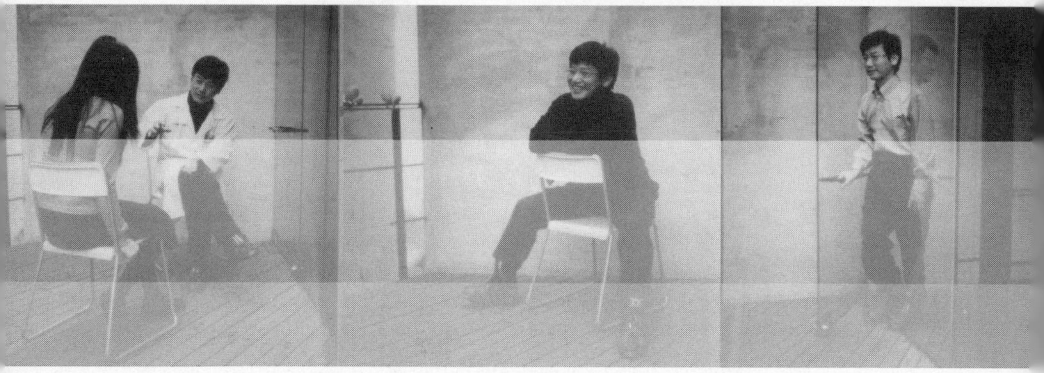

當下就是你的肉體、物質與心靈的交會點，
當下就是所有過去、現在及未來的轉變點，
當下就是扭轉過去、現在及未來的威力點。

每天一次，每次五分鐘，
將你全副的精力及注意力導向「你的想望」。
你所有的情感及心靈能力，透過肉體集中焦點，
強烈地感覺自己「住在當下」。
全力地觀想，集中心力告訴自己，
用最正面、最建設性的心專注在願望上，
感覺全宇宙的力量都前來幫助你、支持你。
然後，再徹底的忘掉——

處方16 得失心是沉重的擔子

〈我日子過得苦悶沒有樂趣，壓力大不得解脱？〉

記得在《聊齋誌異》曾讀過這樣的一個故事，很久很久以前有一隻蠹魚（即俗稱的書蛀蟲），自小就「飽吃詩書」，把所有的四書五經、論語孟子、老莊思想，一一的吃到肚子裡，大約過了二、三千年牠終於修練成人形，也將吃下去的書轉變成滿腹經綸，每天過著優游自在、與世無爭的快樂生活。

有一天他在庭園中散步，結識了一位眞正的讀書人，暫且稱之爲李公子，李公子與幻化成人形的蠹魚（書中稱爲魚公子）相談甚歡，直有相見恨晚的感覺，兩人經常切磋各式各類的學問。李公子相當佩服魚公子的學識，不但精通諸子百家，且對詩詞歌賦無不嫻熟，於是便鼓勵魚公子參與科舉考試。

在好朋友的鼓勵下，本來躊躇不決的魚公子終於抱著姑且一試的心態參加鄉試，結果一試就中了秀才，於是魚公子開始洋洋得意起來。接著參加舉人考試，又是金榜題名，這下子他更是信心滿滿。可是參加全國的考試卻名落孫山，魚公子終於明白什麼是失敗，可是從來沒失敗過的他卻禁不起這樣的打擊，終致一命嗚呼。

當李公子去祭拜魚公子時，卻赫然發現棺木中躺的是一隻巨型的蠹魚，且相當懊悔自己當初爲何要鼓勵魚公子求取功名。

這是我大約在十五年前讀過的故事，可是不知道爲什麼，我常常會想起這個故事。在臨床心理治療中，我看到許許多多的人陷入生命的苦難，在痛苦當中不得解脫，於是我開始想，當我們是個小孩的時候，活得十分優游自在，做很多事都不是爲了成功，也無需擔心失敗，每天活在生命的樂趣當中。

可是當我們成人之後，開始有了羞恥心、成敗心、得失心及分別心，一旦有了得失心便有了成敗心，有了成敗心便有了恐懼及擔心。當你成功的時候，你會擔心下一次是否會再成功，倘若失敗怎麼辦？當你失敗的時候，你又會覺得自己不如別人，陷入失敗的痛苦；所以不論成功或失敗，你都會有恐懼及焦慮，而縱使成功的喜悅也是短暫的，並不長久。

就好比那隻蠹魚，當他「無所爲而爲」時，每天是爲了樂趣而沉浸於書中的智慧，可以盡情與古人神交，不求名也不求利，無得失心亦無成敗心，那時候的他是最快樂的了。可是當他開始想求取功名時，已經忘記自己最初讀書的目的了，而開始把所有的重心、所有的成敗交由考試的成績來決定，彷彿考得好就證明他眞是一個學富五車的人、一個有價値的人，而考不好則表示他根本是虛有其表且一無是處。換言之，當他忘記讀書的「初衷」時，也開始陷入了痛苦的輪迴。

反觀我們所有人，當我們第一次創業時，可能懷抱著一種挑戰生命的樂趣，爲了創造而創造，樂在其中，而並沒眞的那麼在乎成敗，只想知道自己能做到多少，感受過程的樂趣。可是，曾幾何時，我們忘記了自己的「初衷」，開始有了得失心，慢慢的，工作本身的樂趣日漸減少，責任及壓力日漸增加，這個月擔心下個

月，過完今年擔心明年，本來是樂趣及成就感的來源，現在卻成了沉重的擔子及不得解脫的痛苦。

我們的婚姻又未嘗不是如此，追求婚姻的初衷是爲了營造一個安全接納的環境，彼此相親相愛，相互成長及支持；曾幾何時，先生開始抱怨太太不做家事，太太開始對先生賺錢不夠而不滿，大家老早忘記談戀愛的甜蜜及婚姻初期的相濡以沫。

相同的，**大多數的人已忘記他來到人間的初衷；人生是要來創造生命的豐足及喜悅，不是要活在痛苦心及得失心當中！**

處方17 渴望不一定代表眞正相信

〈我常渴望實現夢想，但總是事與願違？〉

很多人渴望健康，卻不相信身體天生就會健康，天生就有抵抗疾病、自我治癒的智慧。

很多人渴望幸福，卻不相信幸福是人生本然應有的狀態，而認爲幸福是一種人生的奢侈品，可遇不可求。

很多人渴望快樂，骨子裡卻相信人生下來本來就是來受苦的。

很多人渴望世界和平、社會安詳，可是腦子裡的觀念卻理所當然地認為人性是醜陋的，人性是自私的，這是個弱肉強食、齒爪相搏的社會。

很多人喜歡年輕及美麗，可是潛意識早已種下人隨著年紀變大，一定會變老變醜，且身體會退化並疾病不斷的認知。

很多人渴望愛情，可是如果你問他，理性較可信賴，還是感性？現實較殘酷，還是愛情較堅貞？我想大多數的人最後相信的是愛情不敵現實及理性，而覺得人還是頭腦清醒一些較不會天眞的受傷。

很多人渴求實現自己的夢想，卻相信自己只是一個平凡的人，為了求生存，還是得向社會的現實低頭。

常常很多人疑惑地問我，新時代的賽斯思想不是說「你創造你自己的實相」嗎？那我到底要用什麼技巧才能創造我想要的實相？我可不可以意願男友和他太太離婚，與我雙宿雙棲？或是，你騙人，我每天都努力作功課，想創造美好的人生及健康的身體，卻一再地失敗。

這些問題我思考了很久，後來才想到答案，原來**大多數人意識上的「渴望」和**

內心真正的「相信」根本是不一致的，甚至是衝突的。人內心真正的相信其實就是他的「人生觀」，這當中包含了父母從小灌輸給他的想法，還有他成長過程吸收的觀念，及整體社會的共同認知，即賽斯所謂的「官方信念」，甚至有些是前世遺留下來根深柢固的頑固信念。

我們意識上的渴望及內心眞正的相信是衝突的，所以表面上看起來你每天都在運動，吃健康及營養的食物，特別注重身體的保養及健康，定期做健康檢查，吸收醫學及保健常識，可是你內心眞正相信的是：我一定要努力預防自己生病，否則年紀愈大，身體一定愈來愈不行。於是，眞正驅動你追求健康的原因是你恐懼生病，你之所以恐懼生病，是因爲你對身體天生安適地與環境合一的幸福及合作沒有信心。你追求健康是因爲你相信「疾病」的力量是強大的，相信年紀愈大抵抗力愈下降，細菌及病毒隨時會入侵，因此你每天都戰戰兢兢，隨時提高警戒。

那我問你，你到底是信仰健康，還是信仰疾病？根據我從事多年身心靈的研究及治療，大多數的醫學專家、甚至醫學本身是信仰疾病的，他們對身體容易生病這件事深信不疑，因爲這幾乎是個隨處可見的事實，且所有的實驗室及臨床經驗也都

證明此點。於是，醫學專家及集體社會大眾「認爲」：身體基本上對疾病沒有有效的抵抗力，隨時會被迷路的病毒及細菌攻擊，而隨著年齡的退化，更導致身體機能全部下降，免疫系統日益脆弱。

對醫學及大眾而言，這是個鐵的事實，所有研究及統計數字也都如此有力的支持此一論調。但是，人們都忽略了最重要的「人最偉大的創造力」。當醫學專家及社會大眾都「堅信」「人是容易生病的」，且當它是個不變的事實，而非一個信念時，人們會繼續以這個「堅信」爲藍圖創造出符合「人容易生病」的所有個別生理及病理現象。換言之，你相信人容易生病，你就會不斷在每個層面，包括實驗室的研究及統計數字，及你個人的親身體驗上，找到符合你所相信的證據，然後開始一個惡性循環。

這就是爲何目前社會大眾都渴望健康，可是生病的人卻愈來愈多，因爲人們眞正信仰的是疾病。我問各位一句話，也希望各位常問自己，你眞的相信嗎？你心中渴望的和你內心眞正相信的一樣嗎？

〈我常感覺受到束縛，不能隨心所欲？〉

處方 18　你其實是自由自在的

賽斯說：「在你們的實相，唯有概念上的自由，才是眞正的自由；也唯有概念上的束縛，才是眞正的束縛。」

你渴望自由自在嗎？你常感覺受到束縛嗎？譬如時間空間的束縛、職業身分的束縛、學歷能力的束縛、家庭婚姻子女的束縛、年齡體力性別的束縛、道德壓力的束縛等等。

是的！過去我也認爲自己受到許許多多的束縛，彷彿一隻被層層捆綁的粽子，只能躺在那裡無力的滴水；或像是一尊看起來很霹靂、卻受到一根根無形絲線操縱的傀儡；身上似有一層無形的包裹，將自己緊緊的罩住，或彷彿有一個無形的重擔，壓得自己喘不過氣來。

先來教大家一個簡單的減壓冥想。首先，你先挑一種最喜歡吃的水果，然後閉上雙眼，在你的想像世界中，盡可能栩栩如生地想像出那個水果，感受它的色香味，直到你能將自己與水果產生一種情感上的連結。

接著，想像在你眼前的那個水果愈變愈大，愈長愈大，直到它塞滿了一整個房間，且將你逼到了牆角。然後，相當生動地感覺那巨大的水果不斷地擠壓你，抵住你的胸口，你成了牆壁和水果之間的夾心餅乾。此時，生動地感受你的壓力、喘不過氣及動彈不得。也許你流露痛苦的表情，或發出痛苦的呻吟，沒關係，大聲叫出來吧！

正當你難過不堪，且再也受不了的時候，此時的你突然靈光乍現，一個神奇的你突然發生神奇的事，你竟然穿透粗糙的果皮，一下子進到了水果鮮嫩多汁的內裡，你不但如釋重負，而且正大口大口地享受甜美多汁的果肉。

這個減壓冥想的精要在於你必須全心地投入、生動地想像，尤其是當受到水果壓迫時，那種生理及心理上的具體感受必須出現，然後對比於進入水果之後的輕鬆，那種脫去束縛、自由自在甜美滋味必須浮現你的心頭。當你感受到生命的束縛及壓力時，可以一再的做此練習。

此外，要達到眞正的自由，我們還必須「頓悟」，頓悟到什麼呢？你一定得了解到，任何一個人都沒有受到外界人事物和任何人際關係有形或無形的束縛。如果眞正束縛我們的是外界具體的事物，或一份具體的關係，或所謂鐵的事實，那世界上不可能有眞正的自由，其實眞正捆綁我們的，是我們自己心中的觀念。

我們自己心中無形的假設、所抱持的身分感或道德律，以及對一份關係的「認知」，才是眞正自我束縛的鋼條。常常，我們在自己心中及身旁四周築起一道道的牆——所謂無形的牢籠及心牆，我們不但層層束縛自己，建立起一道道困難的障礙，也將所有來自內心深處的智慧指引及外界的愛和援助阻隔掉了。

你一定要相信這句話，**除了你自己，全世界沒有人有能力捆綁、束縛及控制**

你，而你用來束縛自己的工具，就是你那限制性的信念。過去你或許知道那是限制性的信念，可是你當它是理所當然且不可動搖的鐵牆；如今你得了悟，任何的觀點、看法及認知都不是無法改變，都是人造的，且都是相對的。

你得在心中清楚明白的看到，常常你對自己的觀點，你對一份關係所抱持的認知，你對這個世界的看法，都是你為自己的心靈、行動及情感所樹立起來的無形牆壁，你真的看到了，你才能突破，才能改變。

你從來都不是無能為力的，盡快拋棄這個既有信念吧！你從來都沒有受到任何的束縛，也從來都是自由自在的，你也從來不受世人眼光所捆綁。事實上，你「只」受自己心中無形的執著所困，一旦你能頓悟原來天下本無事，只是自己困自己、自己綁自己，你就會立刻得到身心的解脫。記住！只有概念的自由才是真正的自由，否則你走到天涯海角，依然找不到自由及快樂。

〈有些人年紀都這麼大了，還幼稚得像個小孩？〉

處方19 你多久沒有關心內在小孩了

許多精神官能症及憂鬱症患者發病時，或在心理治療的某個階段，醫護人員常會觀察到個案的「退化現象」。此時個案彷彿退回到七、八歲，四、五歲，或甚至更小的年齡，有依賴心重、心智退化、言行幼稚、情緒失控且不肯爲自己行爲負責的現象出現，不要說是家人了，有時連專業醫護人員都大感吃不消。但爲什麼人會出現這種心智及年齡退化的現象呢？

根據賽斯的理論，時間並非如我們頭腦以為的線性存在，由消失的過去、正在浮現的現在及尚未來臨的未來所組成的，這只是自我的一個遊戲規則（也有人稱之基本假設或幻象），在我們更深的心靈實相裡，其實所有的時間，不論過去、現在或未來，都是同時存在的。對任何一個成年人而言，你內在的小孩不只存在於過去，「它根本與你同樣地存在於『現在』」，只是你沒有去覺察罷了。

對一個罹患精神官能症或憂鬱症的患者而言，他現在成人的自己遭逢很大的壓力及挫敗，自覺無力應付、面對或改變那令人痛苦的現狀。於是，成人的自己會開始退回潛意識，而過去那個「因為家中有大人在，小孩只得乖乖閉嘴」的自己，終於有機會出頭天了，因此，過去與那成人的自己同時存在的內在小孩開始顯露出來。不明究裡的家人及朋友可能會嚇一大跳，覺得平時講理、堅強、有禮貌、情緒平穩的那個人，怎麼一下子變成一個行為退化、無理取鬧的小孩，甚至連日常生活都無法自理。

以上當然是針對已經生病的人而言，可是，就我個人多年心理治療的經驗，發現大多數的成人內心都有一個被忽略、被壓抑、被責備或受虐的內在小孩。但當你已成爲大人的時候，你不再是個被父母、外界環境忽略、壓抑或虐待的小孩，反之，你內心的小孩可能是一個被「成人的自己」忽略、壓抑、責罵的「受虐的內在小孩」。

首先，我想就兩者的不同做一比較。

內在小孩：愛玩、有想像力、自發性強、情感需求高、不需要對現實世界負責及擔心、注重感受、想哭就哭、想笑就笑、哭笑一下子就沒事。對人和世界總有一份信任，相信人及萬物都有意義且有一個神奇存在的源頭。

大人：逐漸用理性思考取代內心的感受，有更多的自由意志及自主權，可以滿足自己的需求，不必如小孩般的依賴父母及外界。現實感強，必須自我負責，承擔責任及義務，獨自堅強，不能說不管就不管、同時裝成天眞無辜樣。

每一個大人都是由小孩子變來的，但多數人是藉由壓抑、忽略、控制或否認自己內在的小孩而變成大人的。他們認爲大人及小孩是兩個不同的生物，既然是大人就不能再保留小孩子的特質，否則就是一個奇怪且幼稚的人，與其他社會上的大人格格不入。

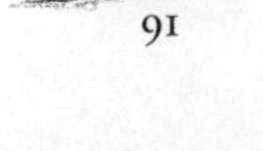

但藉由排除自己內在小孩特質而成長的大人都是有問題的，且絕對不快樂。人一旦長成爲大人，就自以爲掌權當家，不但不承認自己內在的小孩，反而一再地忽略、壓抑及否定內在小孩的感受及需求。然而從心靈層面來看，時間是同時存在的，你的內在小孩和你成人的自己也必然同時存在，但你卻只承認成人的自己，不承認內在的小孩；這樣的你一定是表象的堅強、重理性，內心卻空虛，而且抗壓力特弱。等你大人的自己因承受不了巨大壓力而崩潰時，內在小孩還不是一樣出來「當家」，只不過這是一個沒受外在大人照顧的、混亂的、情緒不穩的內在小孩。

但是這種混亂的、退化的、幼稚的內在小孩之所以出現，根本就是當年大人的你只顧現實層面，不斷地自我委屈、犧牲，拼命地諂媚外在價值標準及權威的結果。你摸摸自己的良心，**當你長成一個大人之後，可曾真心擁抱自己的內在小孩，了解他的感受，滿足他的需求，帶他去好玩的地方，做快樂的事**；還是你只顧大人的自己，諂媚外界。你到底爲自己的內在小孩做過些什麼？有時連自己的眞心感受都說不出口，難道小時候的你期盼長大後成爲像你這樣的一個大人嗎？你到底如何對待自己？

只有當你容許大人的自己及內在小孩同時存在且彼此尊重、相互合作，你才可能有一個快樂圓滿的人生。

〈男人非得堅強而獨立？女人非得嬌弱而溫柔？〉

處方 20 突破男女界限

現代的社會學家及人類學家有許多對穴居人的研究，但這些研究及所得到的見解，常常與這些早期人類眞正的家庭生活及性別分工有著很大的落差。這些專家受到基因學上的偏見影響，認爲男女無論在生理及心理上都受其天生遺傳傾向所左右，跟隨著兩條截然不同的發展路線，而在這過程中，似乎遺傳力量永遠高過個人的自由意志。而新時代大師賽斯始終認爲，遺傳基因是個體與生俱有的重要參考路線，是身心發展的跳板，卻永遠不能被當成一個限制及規範。

因此，隨著人類心靈力量的自我覺察及開發，人對於如何以自由意志來指揮心靈力量將有更多的體會。屆時，基因學的理論將有革命性的突破。我所說的突破指的並非在精密的實驗室裡用人類自以為是的自我，透過尖端技術，肆意地操弄遺傳基因，還沾沾自喜地認為基因遺傳工程已有重大的突破，自認竊取了造物主的智慧及能力，以為終於能擺脫遺傳疾病，或任意調整遺傳的方向，這樣的作法只會加深人與自然及本能的對抗，更深的背離人類身心靈一體的合諧及互助合作。我確切的意思是，人類開始眞正的了悟物質乃是心靈具體化的顯現，透過自身信念的改變及心靈的成長，人類將有史以來第一次體會到，他終於可以透過對身心運作機制進一步的了解，以自己的心靈力量改變及調整基因，利用意識心的思想及信念的力量，直接與肉體的基因合作，同時在心理及生理層面整合創造，以合作及創造來取代對抗及操縱。

此外，那些專家還受到野生動物的觀察及研究報告影響，他們常常把許多的動物觀察報告，比如黑猩猩的家庭生活、雌雄分工及雄性領導的角色投射到穴居人的家庭生活上。但是，老實說，現今這個世界上根本沒有客觀的野生動物自然生活，那些野生動物早已被人類的文明團團包圍住了，無論是遷移、狩獵、繁殖均已受到文明的影響及人爲的干預；其次，動物的觀察報告又豈能強加在穴居人的生活現狀上？人類學家以爲，人類是由直立人猿演化過來，因此從靈長類的黑猩猩身上應最能推衍出早期人類的家庭生活。可是，在賽斯的理論中已徹底推翻了達爾文的演化論，人類是所有生物中唯一具有高度自由意志的，人就是要以其自由意志及選擇超越本能的侷限，與本能合作而非對抗，以豐富大自然。而某些生物學家以所研究的非洲黑猩猩「雄性暴力」，來斷定人類本能中也有雄性暴力的傾向，導致大規模的戰爭、社會犯罪、謀殺及家庭暴力，這根本是無稽之談。賽斯一再強調，人的本質是善的，縱使他可能因爲扭曲及無知而行邪惡暴力之事，但人的心靈本質是絕對沒有暴力及犯罪基因的。

穴居人的家庭是個充滿合作氣氛的單位，通常由一些家庭集居而成。整個早期社會文明的發展力量是合作，而非競爭。男女分工遠比我們所以爲的要有彈性且有效率多了，當女人沒有懷孕時，會和男人一同外出打獵及採集食物，而且做得和男

人一樣好，甚至更好。懷孕的女人也並不閒著，當面臨生產時，她會幫忙照顧其他家庭的幼童、做一些洞穴附近的工作及洞穴內的「家務事」。和大家認知不同的是，女人往往在生產過後立刻加入狩獵隊，因爲求生存的不易，更不容許有人力的浪費。此時的父親於長期的狩獵後，也必須在洞穴休息以恢復體力，他們會在家用動物的皮毛製成衣服，以供自己、太太和小嬰兒穿著保暖。

對穴居人而言，男女的界限更不嚴明，不但可分工，而且可互換。這對人類的生存及發展有重大意義，倘若男女的工作及能力截然不同且不能互換，這必定會對人類的生存造成威脅。因此，如果一個母親因病或意外過世，父親可以立刻接替母親的角色，那時的男人一點也不大男人，在他內心充滿了愛及親切的特質，穴居男人愛他的小孩，耐心和情感之豐富比起女人來不遑多讓。

穴居人的家庭教育也遠比我們所以爲的民主且具彈性。孩子——男孩女孩都一樣，由較大有經驗的孩子帶領，逐漸的加大他們狩獵的範圍及技術。男孩及女孩的發明能力、好奇心、智慧及技巧一樣強，和我們現今所投射以爲男孩剛強、競爭忌妒心強、占有慾強且具保護性，女孩嬌弱、只能生兒育女、需人保護的畫面完全不同。且說，如果穴居人是那樣的話，人類早就無法倖存。

從對穴居人的家庭生活、男女分工及兒童發展過程的了解，將有助於現代家庭間的合作。尤其**在高離婚率的現今社會，父親內在的愛及溫柔特質是一定要開發的啦！**否則失去母愛的兒童將受到進一步的忽略及傷害；**而離開男人呵護及支柱的女人，也可發展出獨立自主及堅強謀生的本能，**否則也許只能再找一個男人來依賴，繼續悲慘的禁臠生涯。

處方 21 回歸心靈的時機

〈我覺得社會環境敗壞，世風日下，人心不古？〉

大地因爲有春、夏、秋、冬四季的變化而顯得多采多姿，而日復一日的天空也因爲有晴時多雲偶陣雨彰顯出豐富及多變。

人們體驗各式各類的情感及情緒，就彷佛大地及天空呈現繽紛的氣象一般。根據賽斯書的描述，太古之初的人類對於情感及氣候與現代人有著全然不同的體會，那時的人類並未將情感及情緒完全「個人化」，也尚未將每年春、夏、秋、冬的變化、每日晴朗或陰雨的天氣完全「自然現象化」，意思是說，當時的人類尚未將「人類的情感」及「大地的情感」（即所謂的氣候）完全的分離。

當時的人類在情感的層面上完全明白自己是大自然活生生的一部份，也覺察到自然世界的萬事萬物和人類這種生物都是「同源的」。意思是說，大自然是內在不可思議的心靈宇宙以「意念」建構而成的，而這整個地球上人類種族的存在也是來自「內在宇宙」（即賽斯所謂的「架構二」；而「架構一」指的是物質宇宙），即所有人類集體的「內我」將自己逐漸顯像化在物質世界當中。其過程是先以「夢體」的形式出現在尚未實質化的地球上，逐漸的，原子與分子的結構穩定了下來，重力加速度（地心引力）也慢慢地加重到目前的九點八，人類的「夢體」進而具體化、肉體化，開始受到地心引力的束縛，漸漸呈現出現代人身體的外貌。

這一段過程和佛經上描述的「創世紀」相當類似。佛經上提及最早所有的人類都是由天人來的，天人由佛土來到地球，開始在地球上生活，食用地球上的食物，而後逐漸適應地球上的生活，身體慢慢地變重，於是便再也回不去了。他們開始在地球上「輪迴轉世」，只有在兩世之間、離開肉體的束縛時，才能再回到內在宇宙。

早期人類的意識心尚未完全定型，他們大部份有意識的生活及重心仍然是在「夢的宇宙」，而醒過來的具體物質生活對他們而言，反而更像是一個「在物質世界裡生活的夢」，他們知道自己眞正的身體是「夢體」，是在內在宇宙活動的身體，而當他們必須在地球上生活時，才需要「肉體」。

他們即是所謂的「夢遊者」（Dream Walker），也是所有人類的祖先。各位讀者一定覺得很奇怪，根據達爾文演化論的說法，所有的人類不都是由「猿猴」演化而來的嗎？雖然我自己的生肖屬猴，但我還是要告訴各位，人類「絕對不是」由單細胞生物演化成靈長類，再由直立猿人演化成的。宇宙也「絕對不是」因爲一個偶然、隨機的大爆炸意外形成的。

各位簡單用你的膝蓋想一想，如果你要蓋一幢房子，是不是腦海當中必須有個房子的概念存在？還得把你想要的樣子畫成藍圖？根據藍圖施工，一幢眞正的房子才會出現。但如果你竟然告訴我，這美麗的地球、不可思議的大自然變化，一切都是「粒子的隨機碰撞」，是一個大自然無心的「自己演化」、生存競爭的意外產物，

你打死我我也不相信，甚至我自己是個醫生，我可以告訴你，連目前的醫學界對人體的諸多奧秘也都只能嘆爲觀止。

大自然是有靈魂的，宇宙萬事萬物也一樣，人類的身心更是內在宇宙的造物者以無窮的想像力、極大慈悲及智慧創造出來的。很抱歉，許多科學家看不到這一點，因爲他們已「迷信於」宇宙意外誕生論及物種演化論；許多醫生也看不到這一點，因爲他們已把人體當機械，定期保養，隨時換零件；但是身體不是車子，身體有偉大的靈性和不可思議的智慧，身體更有自我療癒的神奇能力，醫學界卻看不見，再靠近一點甚至打開來看，還是看不見。

人類的情感本應像大地的氣候一般，春夏秋冬各有其時，但當人類集體情緒焦躁不安，大自然的氣候也會逐漸失調，要嘛乾涸，要嘛驟雨水患；我想**這時候，應該是大家開始回歸心靈的時機吧！**

〈生病眞是件麻煩事，要徹底消滅疾病，人生才是彩色的？〉

處方22 「疾病」帶給我們健康

很多人以爲疾病是危害健康的殺手，兩者是誓不兩立的，因此我們對疾病通常抱著負面的觀念。我們討厭疾病、恐懼疾病，不但不歡迎它，還希望透過種種方式——改變生活習慣、健康有機飲食、運動、藥物、手術——來幫我們擊退病魔，消滅病痛，達到身心的健康。

老實說，從事身心靈治療十數年，過去我也抱持著這類的看法，覺得疾病是找健康快樂人生麻煩的東西，也唯有徹底消滅所有的疾病，我們的親人、愛人、朋友才不會再受病痛的折磨，人生才會圓滿。

可是，透過賽斯書深不可測的智慧及我自己臨床經驗不斷的累積，我對人生哲理、生病、健康有了更深的體會，直到有一天，我突然「開悟了」。

我終於豁然開朗，有種想哈哈大笑的感覺，我了悟到：原來疾病和健康從來都不是對立的，原來身體的疾病不是要來危害、破壞我們健康美滿的人生，剛好相反，疾病存在的眞正目的是要「帶給我們健康」。

疾病是通往健康的道路，疾病是要幫助我們「自我治癒」；我了悟到，原來疾病是個幻象，也是一個訊息，它是徵兆，是線索，引導我們看到且面對內在眞正的問題，如此才有辦法解決問題。

我了悟到，原來疾病不是我們的敵人，我們一直竭盡心力要對付疾病、消滅疾病，其實都是誤解疾病的本質，疾病的眞面目其實是朋友、是天使，是來自上帝的恩寵及禮物。

疾病具有兩大意義，第一是「教育意義」，疾病本身不是病，而是內在心靈的訊息。疾病是一個偉大的老師，它的現身，說明了我們的心境、生活方式、情緒累積，早已出了問題。疾病本身不是爲了危害健康，而是要指出我們內在不健康的地方，可以說，疾病是訊息，是指標，是引路人。舉個例子，比如現在大家很流行抽血檢驗腫瘤指數，你很明白，腫瘤指數本身不是病，它是指標，它告訴我們到底身體裡面有沒有一個腫瘤正在發生、正在長大。

而我了悟到，原來肉體的疾病是靈魂健康的指標，大家明白嗎？現今世界幾乎所有人都被誤導了，大家都在治療肉體上的病痛，以爲肉體治好了就沒事，結果一大堆病根本治不好，病愈治愈多，愈醫病愈重。

因爲大家都被誤導了，沒有具備以下的知識：物質是心靈能量的顯現，身體是靈魂具體化的結果。因此，如果身體有病，那不是身體的錯，問題或根源也不在身體上，身體的病痛是告訴你，你的病是來自內在心靈，所以，「你只醫身體一點用也沒有」。

疾病的教育意義在於，通常我們是沒有能力覺察內在心靈的，當內在心靈出了問題，有時我們會視而不見，否認它的存在，或告訴自己，現實是無法改變的，所

以我的心境、情緒及生活方式也根本無可奈何；但是，當內在心靈的扭曲及痛苦愈形累積時，所造成的苦痛及對心靈的殘害更爲可怕，而且根本無法喚起人格，逼迫人格去行動、去改變、去開始解決及面對內在的問題。因此，人類是有福的，身體會反映出心靈狀態，而讓你生病、疼痛、全身不舒服、行動不便或面臨死亡，此時你以爲疾病是你的敵人，必須除之而後快，錯了，你錯了，所有人都大錯特錯，疾病是老師、是天使、是上帝設計給人的巧妙禮物。透過疾病的提醒：主人，你一定得休息了，或主人，你再也不能逃避了（是的，因爲你不舒服了嘛！）。你被引導去面對內在的問題，而當內在問題被徹底面對且解決時，你一點也不用擔心，疾病不用治，它自己會好。

第二大意義是「自我治癒性」。開玩笑，明明疾病危害健康，你還說疾病具有「自我治癒性」？沒錯，一點也沒錯，疾病本來就是身心靈自我治癒功能發動的一個過程、一個現象、一個產物。比如發燒好了，發燒不但有助於人格採取行動，找出感染源，同時，發燒本身提高身體的溫度，不利細菌及病毒的繁殖，而且加快身體的代謝，增強免疫系統的功能，以助你恢復健康。再舉個簡單的例子——流汗，流汗是一個常見的生理現象，一方面協助你降低體溫，維持正常身體的機能，一方面代謝廢物，同時還促使你口渴，以便完成液體的補充。

因此，**身體的疾病是內在心靈自我治癒的「物質化展現」，透過身體的病痛，不但指出內在心靈的問題所在，而且釋放出心靈扭曲的巨大能量**。如果沒有透過身體某部位病痛的成形，整個身體的機能會受到進一步巨大的損害，甚至根本無法運作下去。身體的病痛不但是心靈自我修復的過程，也是身體試圖自我治癒的現象。跟隨疾病的指引，內在問題終必被面對、解決；就其本質而言，疾病會治療它自己，因爲它本身就是來自治療，最終也必回歸治癒。每次想到這裡，我的心中會生出一個巨大的溫暖和幸福，我住在偉大的身體及心靈當中，而它們永遠支持我、護持我、導引我、教育我，當我出了問題時，它們會幫我指出問題所在，而且還全力的自我治療及自我修復，你說，我能不幸福嗎？

我多麼希望我的這些了悟、這些幸福能分享給每一個人，幫助大家達到眞正身心靈的健康及喜悅。

〈我一不舒服必看醫生，更要吃健康食品、運動、學氣功來保護自己？〉

處方23 你每分每秒都在治療自己

一般而言，大家如何看待「治療」呢？你覺得「治療」是怎麼一回事？在人的身體方面有所謂的身體治療，心理方面也有所謂的心理治療。但到底治療由何而來？且是如何發生的？

也許當你去看醫生的時候，你覺得自己得到了治療；也許當你將藥吞到肚子裡，或藥物透過噴劑或點滴的方式，進入你的鼻腔、氣管或血管的時候，你覺得自己正在接受治療；也許你被推進了手術室，把不該長的東西切除掉，或將阻塞的地方再打通，你覺得外科手術正在治療你；也許你正在進行有機飲食計畫，每天吃有機蔬果及健康食品，你覺得自己正在得到治療、邁向健康；也許你每天上教堂祈禱，到佛寺上香拜佛，或每天誦念經文，觀想佛菩薩的加持，你認為自己正在得到治癒；也許你找到一個很行的中醫或氣功師，吃中藥或練氣功，你覺得身體正在一天比一天進步；也許你每天上健身房，爬山、游泳，相信運動可以治療你的慢性病；也許你每天都在吃各式各類的維他命、營養補給品，相信身體可以因此不生病；也許你正在看精神科醫師，從事心理治療或吃抗憂鬱、焦慮的藥及安眠藥，而認為你正在接受一個療程。

以上所提到的種種，都是一般大眾認定的治療及所從事的治療方式。那麼，我以下所說的話可能會嚇大家一跳，聽好哦！

其實「眞正的治療」、人類之所以得保健康，都和以上的治療沒有直接關係。在新時代的思想中，眞正的治療觀念是下面這句話：

身體是它自己最偉大的治療師。

每一天，身體的自然治療過程都讓人們擺脫疾病，修復情緒或身體上的病，**不管你有沒有生病，有沒有從事所謂的治療，你的身體最了解它自己，且每分每秒都「正在」治療它自己**。這句話再強調也不爲過。

過去大家對於治療的觀念可說是有相當大的謬誤。我們生病的時候，身體或心理會馬上全力總動員，用最快的速度及最不可思議的方式修復它自己。舉個例子，當你的手臂不小心被利器割破一個傷口，它馬上動員所有的治癒過程，止血、結疤、殺菌、抗發炎，當你不小心在傷口未完全復原前揭掉瘡疤時，它馬上又流血，卻也再度的進行自我修復過程。身體擁有全宇宙最棒的智慧和最不可思議的神奇能力，它的自我修復、自我校正功能是無所不在的，且無時無刻不在進行中。

那你一定會問我，既然身體的能力那麼棒，是全世界最偉大的醫生，那麼爲何人類還會生病？如果人類不會生病，那根本也就不會有醫生及醫院了！

是的！身體雖然是它自己最偉大的醫生，也有能力完全治癒自己，不管是愛滋病、末期癌症、糖尿病、高血壓及許許多多你叫得出名字的疾病，身體都遠比你以爲的要更輕易能治好它自己，也就是說，依照身體的能力，所謂奇蹟式的治癒根本

就是家常便飯，「隨時都會發生」，也「隨時都可以發生」。但是，爲何現代人所經驗到的現狀卻不是如此呢？這必須從兩個角度來解釋：

第一：身體雖然擁有奇蹟式自我治癒的能力，但身體其實是「心智的具體化」；意思是身體扮演我們的精神導師，它必須時時刻刻顯現出我們的思想、情緒及內心的衝突，以便讓我們得以面對「具體化的自己」，以供自己參考，修正先前的思想、情緒及不良生活方式。舉個例子，許多人習慣逃避內心的衝突，也不願面對內心的無奈及痛苦，但身體則誠實多了，你可以不去自我面對、不去解決生命的困境，但當身體如鏡子般地反映出你內心的衝突，而具體化成爲肉體的病痛時，這下你可逃不掉了，且被迫去面對內心的問題。因此，身體的病痛不是要你去治療身體的，而只是善意地指出你的心境已出了問題，身體迫使你採取行動，再次的，不是去治療身體，這點根本不勞你費心，當你面對且解決了「你自己」思想的衝突、情緒的壓抑，身體會自己治好它自己。

第二：大多數人從來沒去相信「身體會自我治癒」這個觀念，反而都「認定」身體是脆弱的、易生病的，且一生病就必須從事「外在的醫療」才會復原，尤其是生過重病的人更加深「身體隨時會得病或復發」這個想法。因此，整個社會（尤其是醫療界）多在扯身體自我治癒能力的後腿，再次的，身體會反映出我們對它的觀念，在此全面催眠及集體潛意識的運作下，身體的表現當然不佳。

若我們能徹悟以上提及的兩點，且全力逆轉對身體不信任的觀念，處處去強調身體神奇自我復原的力量，以及發掘許多醫學界也嘖嘖稱奇的自我治癒個案，整個人類的醫療史絕對會邁向嶄新的一頁。

〈人老了，睡得少，退化了，錯亂了，怎麼辦？〉

處方 24 改變睡眠習慣治百病

過去的睡眠專家說每晚要睡足八個小時到底對不對？現代人大多每天只睡一次（即白天工作上課，夜晚睡覺）到底符不符合生理需求？如果我們想要預防老化、身心健康、充滿創造力，到底應該怎麼睡？

不管你是男人還是女人、學生還是上班族、健康或疾病纏身，是否經常心中充滿恐懼、失眠、焦慮、沮喪，或甚至更嚴重的精神病？

我給你的處方是：

「立刻改變你的睡眠習慣。」

你還是要把最長的睡眠時間放在夜晚，但不要睡超過八個小時，一個超過十小時的睡眠反而無助你恢復精力，並且對身心健康有害。晚上的睡眠約四到六個小時就已充足，可「完全恢復身心的精力」。事實上，身體在比八小時少得多的睡眠時間就可以得到休息與更新，睡了五小時之後，肌肉及關節本身會開始渴望活動，這個訊息是要告訴你「該醒過來了」。過長時間的睡眠令肌肉失去彈性、關節退化及僵化，身體衰老的速度也會加快，因此許多老年人一早起來做運動是很棒的習慣。

許多老年人發現自己睡了四小時後，在清晨四、五點自動醒過來，他們通常有兩個反應，一是我眞的老了，不再如年輕時的一覺到天亮；二是我失眠了，想到身心科拿安眠藥。這兩種觀點基本上都是錯誤的，因爲你並沒得了失眠症，也不需要吃安眠藥。一晚四小時的睡眠「是夠的」，然而你必須在白天補上一至兩次的小睡；這樣的現象代表你正回歸人類正常的生理時鐘，你並沒有錯，而是年輕的你每天只睡一次、一次睡八到十小時才是錯的，現在的你不過是恢復正常罷了。

此外，有些老年人發現自己在看電視時打起瞌睡，注意力不如年輕時集中、敏銳，再次的，心中又浮現「我眞的老了，退化了」的想法。很抱歉，依照賽斯的觀念，你又錯了。這些現象的發生代表你正在回歸一個自然人的坐息，白天一到兩次的小睡有助減緩老化，調節腎上腺素的分泌，可以預防新陳代謝的疾病。這類現象也代表你的心智正在擴展，變得「更是它自己」。年輕的心智太偏重物質的操縱，邏輯的清晰敏銳，分別、好辯及批判性強，有時眞的不可愛；當一個人年紀大了，看起來意識似乎沒那麼容易立刻集中注意力，相反的，意識正在恢復它更多的自由，它正在學習使用更大的能力及創造力。這時候心智的那種融會貫通、欣賞人事及萬物之美，及來自深層的智慧及創造力才正要啓動呢！

這是一種心智的擴展、冒險及創造，但很多人相信了錯誤的觀念，以爲這種意識的不夠集中敏銳、反應力不夠快，代表了精神的衰退，因此感到沮喪、灰暗，自覺人生走到盡頭，該是老廢物向人間說拜拜的時候了。我再強調一次，這完全是「錯誤的觀念」。你應該要立刻重建自我價值，**老年是靈魂在人間無價的歲月，其重要性和童年及青壯年一模一樣，不但可以保有快樂赤子心和青壯年的活力，且老年**

獨特的智慧練達、意識擴展及神通能力，更是其他年齡層欠缺的。

在老年人精神擴展的過程中，「幻覺經驗」也時常會出現。這類的幻覺經驗代表精神能力的提昇，是內在偉大創造力的釋放，對老年人的意識擴展、精神心靈成長及整個家族都有莫大的助益。此時代表人格將自己由狹窄的時空焦點釋放出來，他常常會以全新的觀點看到過去、看到可能的未來，或感知到可能的現在，心電感應及預知能力也會特別強。這時也會發生身體的化學及荷爾蒙變化，一方面協助老人心靈成長，帶來身心喜悅的肯定，一方面也開始爲下一次轉世全新的人格和成長做準備。

相當可惜的是，因爲集體信念的扭曲及大家對此現象的不了解，老年人以爲自己老了、錯亂了、瘋了，家屬及精神科醫師以爲老人得了精神病、妄想症，便用藥物來抑制這生命中最具創造力的可貴現象。因此，我們急需建立全新的老人病學，以一個嶄新的觀念來看待這些「老化現象」，幫助老人的身心靈得以喜悅成長。

〈我好像太過理性，感性回不來？〉

處方25 調整醒睡模式，身心更和諧

「立刻改變你的醒睡模式」——不論你是誰，住在哪裡，或從事何種工作。

把一天二十四小時的時間用醒睡交替的模式來切割，不要八到十小時在晚上睡，十四到十六小時在白天醒著，請立刻調整此類坐息表。這種舊的醒睡模式其來有自，是發生在人類將自己的心理實相與自己源頭分開的時候。那時人類的意識心開始了一場偉大的冒險之旅，他假裝不知道自己內在有個神聖源頭、有個「神聖內

我」，他假裝不知道自己的源頭就是神、就是佛。他開始自我催眠的相信，並發明了科學來加深這場自我催眠下的冒險之旅，他以科學來說服自己，自己是突然且莫名其妙地出現在這星球上，張開眼睛環顧四周，「哦，這可愛美麗的星球」。假裝不知道自己是哪來的，這星球又是哪來的，彷彿像個新生兒般地以全新觀點探索自己及這星球。

在如此做的同時，他也試圖將自己的意識心與無意識分開，內心卻懷著一種最深的明白，「無意識其實是眞正的有意識」，身心的平順運作，身體、心智及物質世界都是由這無意識的偉大及智慧所延伸。人類必須如此深深地控制無意識的威力，以免初誕生的意識心跌回這孕育的源頭。彷彿一個離家的青少年，試圖脫離父母的庇蔭而尋求自我獨立的新生命。

意識在日光的照耀下看清楚這個世界，開始將它所有的注意力及能力花在一方面求生存、求繁衍，一方面探索這對新生的意識心而言「新奇陌生」的物質世界。它將意識的所有能力、思考推理、羅輯分析，使用來操縱物質世界，以便由物質的角度「認識自己的心靈」。重申一次，物質本就來自心靈能量的具體化。意識是屬於白天的，屬於醒時生活的；無意識則在夜間，在睡眠中神奇地運作。

本來意識就是來自無意識的子宮，意識應與無意識一同合作，彼此熟悉，共同面對地球的物質生活及轉世生涯。可是現在意識假裝否認自己的來源，將自己視爲一個無父無母的孤兒，而過去的宗教在某種程度上，又將這個源頭自己投射扭曲成上帝的形象，訴說著人類起源的故事，然而，舊神話已漸成童話，不再說服及吸引人們的興趣。在這意識心不斷地壯大自己、否認自己來源的同時，它限制了自己與無意識接觸的頻率及方式。

意思是說，意識心採用了一天只睡一次、一次睡八小時的生活習慣。這樣的醒睡模式一方面加深了意識心與無意識的距離，一方面專門化了意識心操縱物質的能力。在否認了無意識的直覺感、萬物一體感及直接知曉的能力之後，意識心以其推理、分析、實驗的精神及能力，開創了現今大家所見的、所生活的這個工業化及科技化的社會。

然而，意識心並沒有錯，它開始的是一段既大膽又具冒險精神的旅程。可是，以優美而懷鄉的話語來說，「意識心想家了」，它開始想家了，不想再驚恐不安地

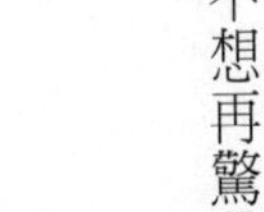

獨自在外在的物質世界奮鬥。物質世界這整個玩具它也玩夠了，再玩下去也玩不出新把戲，而且還有毀掉這個世界的可能性。所以，它想要以心靈的角度來探索物質世界的精神面，當然，這又會是意識心下一場全新的冒險，眞是令人期待。

因此，立刻改變你的醒睡模式，不要讓意識在白天全然醒著，留在清醒的狀態太久。建議你在午後及傍晚過後小睡約三十分鐘至一小時左右，**讓意識在很短的時間內回到無意識的懷抱，不但可以快速清除體內的毒素，防止疾病及老化，更可以大大的降低意識心的疲倦感，有效恢復精力及體力**。此外，最大的好處是，意識與無意識會達到某程度的交會及融合，意識可以帶出無意識的洞見及智慧，幫助你看清困境，自覺有勇氣及信心克服任何的困難，並眞的可以得到內在的指引。意識某程度也會被帶入夢境及無意識，在那兒得到最大的溫暖、滋養及祝福，大大的加強自己的能力及創造力。

當你開始眞的採用這新的坐息表及醒睡模式，你會更容易克服恐懼、沮喪及去除偏見，身心會更和諧、健康、活力充沛，同時，你也會自動調整飮食習慣，少量多餐，在晚上入睡前及清晨醒來時，少量進食，不要讓身體在白天撐太飽，夜間又餓得半死，這樣的身體容易衰老及生病。總之，一天只吃三正餐、其他時間不吃東西的飲食習慣一定得打破，請記住這八字眞訣：「少量多餐，分段睡眠」。

〈莫名的沮喪、恐懼、煩惱或發脾氣，怎麼辦？夢可以自己控制或解釋嗎？〉

處方 26　分段睡眠好處多多

在夜晚八個小時或更長時間的睡眠是沒有好處的，而且對人類的正常生理而言，也是不自然的。古人謂「一日之計在於晨」及修行人做早課的習慣，其實自有道理。在清晨破曉時分，正是一個人心智最活躍的時刻，那時意識的創造力達到眞正的高峰，是意識與無意識兩者最完美集中且合而爲一的時刻。此時的意識心剛剛離開夢境，夢境裡清晰、洞察事件本質的智慧及明覺之光恰恰照進意識心，彷彿暗夜的一道曙光破空而入，此時意識心正由無意識那兒得到最大的益處，在物質世界裡達到了最有意義的平衡，開啓這美好的一天。然而，對大多數人而言，此時的意識心常還在賴床，被睡眠弄得昏昏沉沉。待到意識心眞的醒過來時，由夢境而來的智慧及聰明早已一點一滴的消逝了。

有可能的話，在床頭準備一本「夢的日記」，每天早上醒過來的第一件事就是「記夢」。這樣的習慣會將你夢中的智慧直覺與醒時的邏輯理智進一步融合。先建立起這樣的習慣，其中數不盡的好處自然會在日後一一顯露出來。

當你眞的採取分段睡眠方式，在夜晚睡足四至六個小時，其餘則順其自然，由不管什麼樣子的小睡來補足，你不會在意識及無意識這兩種狀態之間造出人工的分野，意識會比較容易地記憶及融合它的夢經驗，而在夢境中，自己也會更有效地利用到醒時經驗。

人類許許多多的身心問題都是來自潛意識的慣性模式及情感壓抑。有時你會感覺到，自己爲何做出這樣的行爲、莫名其妙的發脾氣或突如其來的陷入沮喪？這些都是因爲你的意識心對自己不夠了解，自我覺察的光照不夠，以致意識心的面目對自己而言變得模糊了。這種存在於自己和自己其他部分之間交流的缺乏及相互了解的不足現象，正是許多精神官能症及精神病的成因。

如果你能開始改變自己的醒睡模式，本來你的許多身不由己的情緒及行為，你所看不清楚自己內在真正的動機及想法，都會變得一清二楚。總之，你會清晰覺察自己的起心動念，那是因爲有意識及無意識之間的障礙被打破了，本來無意識的陰暗面會變得光彩奪目。也許你本來必須經過數年的心理治療及精神分析才能得到的自我認識及自我覺察，可能透過這樣一個簡單醒睡模式的改變就能輕易地達到。

因此之故，你完全不用再害怕潛意識的混亂及壓抑，也無需擔心無意識的原欲及深層的創造力。很多人之所以失眠是因爲意識心怕掉入無意識的深淵，在意識心的扭曲認知及恐懼下，它會將死亡及邪惡當成無意識的本質，在其中，「神聖內我」被害怕，夢境也完全不受信任；每晚入睡前，意識心除了要擔心白天的煩惱及壓力，還得面對它自身內象徵死亡、邪惡、混亂失控的潛意識及無意識，它不斷地卡在兩個層面當中掙扎，又如何能信任且心安的放手、讓自己進入無意識的溫暖懷抱及快樂又具活力啓發的夢境呢？如此說來，不失眠才怪！

再說一次，立刻改變你的醒睡模式。這種習慣的改變會帶來四大好處：

一，你會更常的記起夢，你不會再去逃避或害怕夢中的情緒、象徵及暗示。縱使是惡夢，你都會發現那有釋放恐懼及促進新陳代謝的益處。同時，你也不再需要別人爲你解夢，你自己就會愈來愈清晰，能夠清楚的了解夢中象徵和日常生活的關係，不必再按照佛洛依德那套「泛性論」來亂解一通。因此，你會愈來愈能汲取夢的偉大智慧及創造力。

二，你會逐漸明瞭，無意識的確相當地「有意識」。你會直覺性地了悟到，自己是穩穩紮根在無意識的基礎上，永遠在恩寵之光的映照下。換言之，你眞的回家了，帶著全新地球經驗的光榮回歸源頭自己的懷抱，夠甜蜜吧！

三，你會更常發現自己在夢境裡可以如醒時般的警醒、有反應，而且理性。意思是說，你能將自己的本體感延伸至夢境，這是意識的一個了不起的突破及進步，一旦能達到這樣的境界，你就不會再是舊的自己、活在舊的架構。重要的是，你再也不會害怕死亡，因爲你已跨越醒時及夢境的界限，跨越死亡的藩籬，而進入了悟靈魂永生的境界。

四，你內在的心靈能量會開始自發地流動，過去失衡的荷爾蒙會建立起新的平衡。你不再害怕自己的情感，也有勇氣將之表達出來。藉此你會進入自我療癒的過程，疏通造成神經病變及精神疾病的巨大阻塞能量。此外，你對周遭人負面情感的投射及愛恨糾葛的複雜關係也將自動澄清。

有這麼多的好處，你還不想立刻開始嗎？

〈我的經驗形成我的人生觀，我真的命該如此嗎？〉

處方 27 觀念沒有錯與對

你過去所有人生的經驗只代表你過去的觀念。

別人生命的經驗也只代表他自己的觀念。

常常聽老人家這樣說：「我吃的鹽比你吃的米還多，過的橋比你走的路還長。」很多人也都這麼認爲，人從小到大開始累積很多的經驗，有成功的經驗、失敗的經驗、快樂的經驗及慘痛的經驗，經驗會引發感受及看法，於是人便隨著這些具體經驗形成自己特殊的人生觀。這些透過經驗而形成的觀念深植在我們的腦海中，令我們深信不疑，因爲這些觀念及看法並非憑空幻想出來的，乃是根據實際經驗而來。

但是，透過人生經驗而形成的人生觀是眞的嗎？眞的就是事實嗎？或許你常聽人說「性格決定命運」，可是有些人會抗議，「亂說！我是因爲遭遇了這樣的命運才形成這樣的性格。」我也常在想一個問題，一個人到底是因爲有了這樣的生命經驗才形成這樣的人生觀，還是因爲有了這樣的人生觀才過這樣的一種人生？

「什麼人玩什麼鳥，還是他玩了什麼鳥之後才變成那種人？」後來看了賽斯書，我才恍然大悟，原來兩者都是對的。我們內在那偉大的靈魂，偉大不可思議的自性及神性，運用創造力將我們的「人生觀」轉變成具體的人生經驗。我們的自我及肉體，在宇宙時空的物質世界當中，體驗到了這樣的經驗，進一步加強了自己原先的觀點及看法。然而，自我及靈魂（或自性）偉大的地方也在此，它們兩者是最佳拍檔，當自我對人生經驗感到痛苦或不滿時，它可以隨時更改自己的人生觀，改變自己對許多人、事、物的看法；自我做了這樣的改變之後，由於內在靈魂或自性沒有須臾離開過肉體及自我，便會馬上的感應及接收到這個訊息，而且立即將自我新的人生觀轉變成新的生命經驗；自我在這樣的恩寵及護持之下，慢慢認識自己是誰，也懂得發揮自己的創造力。

比如說，你過去曾被很多人欺騙，失財失身，加上你又是荀子「性惡論」的死忠支持者，也相信達爾文說的：生存競爭無他，優勝劣敗而已矣。於是你根據自己實際的慘痛人生經驗形成這樣的人生觀：人性本惡，周遭的人隨時可能欺騙我或利用我。沒錯吧！這樣的人生觀的確合理，也的確有事實根據，又有實際人生經驗可以佐證。但是，大家別忘了內我或自性偉大的創造力，它會將你這樣的觀念於內在宇宙加工，然後轉變成實際的人生經驗再降臨在你身上，那麼，你便會在人生當中有愈來愈多對「人性本惡」的親身體驗。一個惡性循環便開始了：你的自我愈相信人性本惡，內我便如實創造成你的人生經驗，而有了親身體驗，更加深了你原來的人生觀。

眞正的智慧在於：觀念沒有錯與對，透過親身經驗而形成的人生觀也絕對不能代表什麼，你過去所有的一切經驗，不論是吃鹽或過橋，都只代表你過去的人生觀及想法。自我的智慧在於：**當你不喜歡你自己或發生在你身上的事，當你不喜歡你**

的命運，你唯一要改變的是你所有的觀念，包括對自己的看法及對周遭人事物的看法。

別人的人生經驗也只能代表他的人生觀，不必然得是世界的現狀或你的經驗。比如說，當你有一天頭殼壞掉，突發奇想，咦！人性眞的本惡嗎？我來相信人性本善試試看。此時你的內在自性便會依據你新的觀念爲你創造新經驗，你會開始遇到好人，好事也陸續發生在你身上，有段時間你會迷惑，那到底人性本善還是本惡？直到有一天你豁然開朗，明白人生眞正的智慧，根本沒有人性本善或本惡的問題，而是你採取何種人生觀便會體驗何種人生。

所謂，觀念創造經驗，經驗加強觀念。你想要有快樂、自在的人生嗎？那你得先選擇快樂、自在的人生觀。

處方28 死亡新概念

〈我怕死，死後的世界什麼樣子？死了以後到底有沒有靈魂存在？〉

物質宇宙是以意念爲藍圖建構而成的。我們所看到的宇宙乃是一個偉大的概念物質化的顯現，而宇宙擴張的方式乃是依照一個概念延展的方式而來的。

地球上的一切，山川、大地、平原、大海，也都是「一切萬有」具體化的顯現，這偉大的概念有其自身的本體感及內在所有的豐富和多采多姿。

「概念具體化成物質」正是我們這個物質宇宙的特色，可以說，「一切萬有」

將其不可思議的能量，示現爲具體的血肉，成爲了宇宙萬物。因此，這個物質宇宙的存在，本身就暗示了「一切萬有」這個創造者的存在。

新時代大師賽斯一再強調，把這個世界當作物質來研究，我們什麼也找不到，更別說探索物質宇宙的奧祕了。除非科學界打破其狹隘認知，引進新概念，否則科學及科技只會加速大自然的破壞，甚至爲害到人類。

什麼新概念呢？那就是每個原子及分子都是活的，都有意識。如果我們不是用這個概念來看宇宙，或作爲探索基本粒子特質的基本假設，我們就會一直停留在「以彷彿客觀的心態及研究方法，來研究這客觀的世界」。這個新概念要求我們承認每個原子及分子都有一個意識，有其獨特性及分別性，它們依其既獨立又合作的傾向、既自由又有組織的行爲，依其背後合作性的概念，形成所有的生物及無生物。

承認原子及分子有意識，並有獨特的自由意志，對科學不但不是褻瀆，且會成爲科學史上非凡的里程碑，是一個人性與物質、科學與宗教相會的偉大進步。宇宙創造的意義及人類存在的意義也會得到不可限量的彰顯，而宇宙背後的創造力量、組成原子和分子的偉大意識，及人類所由出的神聖創造來源，也會成爲一般大眾的常識。

基本上，意識是獨立於物質之外而存在的，而物質是意識展現其特質的一種顯現。意識能以物質的形式顯示自身，也能不以物質的形式顯現。了解到這一點，你便會明白，人類的意識可以透過肉體而呈現它在時空中具體的行動；意思是，透過身體，你可以行住坐臥、追趕跑跳，更重要的是，不透過肉體，你的意識依然是完整且獨立的。

不管你的意識在身體內或身體外，它都是獨立自主的，擁有完全的行動能力，就大部分的狀況而言，當你的意識在肉體外時，它還擁有更高的覺察力及更大的自主性呢！當地球形成之初，早期的人類對這點可比現代人了解多了，打個比喻，當時的人類清楚明白意識與肉體的關係就彷彿鳥與鳥巢之間的關係：鳥是常常要飛出去探索、覓食及遊戲的，意識也常常要離開肉體，爲了同樣的目的：探路、覓食及遊戲；鳥會記得飛回自身的鳥巢，同樣的，意識也不會忘記要回到肉體中。

物質文明興起後，人類意識的「可動性」降低了，因爲在科學的認知裡，並沒有一個獨立於肉體之外的人類意識存在，就如同科學不明白每個原子分子都有其物

質面背後的意識一樣。因此，科學傳達了一個當物質毀壞、意識也就消失的畫面，這樣的認知導致許多臨終之人都面臨了肉體毀壞之際、意識也隨之滅絕的可怖心理經驗。

有些人發現在肉體毀壞之後，他的意識依然完整且充滿活力時，他似乎獲得了一種重生，感激之餘更欣喜地迎接死後的生命，且感覺到自己的意識少了肉體的侷限還更活潑呢！另外一些人在肉體毀壞之際，一直還以爲他必得透過肉體才能存在、才能活動，他不明白沒了肉體之後還能去哪裡，也不知道自己根本就被釋放了，於是他會一直在屍體周遭徘徊、哭泣，不知如何是好，甚至還一而再地想回去發動肉體，可惜肉體只能冰冷地躺在那兒，這即是俗稱的「守屍鬼」。

因此，在你身爲人的時候明白「其實每天晚上意識都會離開肉體」是一件很重要的事，甚至經過練習，在清醒狀態你也可以有這樣的體會。請記得，不管在肉體內還是肉體外，不管有沒有肉體，你的意識都是快樂且活潑的。

〈到底有沒有輪迴轉世？如何才能解脫？〉

處方29 輪迴轉世就是這麼回事

當今世界上的主要宗教（基督教、佛教、回教）中，只有佛教有「輪迴轉世」的觀念。談到輪迴轉世，我記得賽斯說過一句話：「不管你相不相信輪迴，你就是會輪迴！」多麼斬釘截鐵！爲什麼賽斯如此肯定？因爲他自己輪迴轉世起碼上百次，而且每一次都清清楚楚、明明白白。

賽斯描述他多次死亡經驗時，大多是意識清醒地離開肉體，這和大多數人在睡眠中往生，及先進入一個幻境再脫離肉體的經驗相當不同；而每次的死亡不但沒有令他產生痛苦及滅絕的感受，反而升起一種生命的莊嚴及祥和的感覺，彷彿他若是沒以那種特定方式死亡的話，那次肉體生命就無法劃下美妙的休止符。

賽斯曾多次轉世爲僧侶，他記得當某一世身爲僧侶時，正在謄寫某一位開悟僧侶死後留下的手稿，霎時之間他突然明白了悟到，原來那手稿是他前世的自己所寫下的。

據說耶穌在傳道時，曾清楚明白地講解靈魂的輪迴轉世，但後來的羅馬教會擔心耶穌的教義與所謂異教的邪說混淆，於是將聖經當中有關輪迴轉世的部份一律刪除，以致後來天主教及基督教的觀念有所偏差，認定人只有一世的生命，而死後不是上天堂即是下地獄。因此之故，整個西方的文化及宗教氛圍，阻止了人們內在轉世記憶的浮現。

也許有人會覺得疑惑，既然每個人都會轉世，那爲什麼自己不知道？原因很簡單，因爲轉世的記憶深藏於潛意識當中，也以電磁的方式儲存在大腦細胞。當投胎轉世的時候，人格及其附屬的個人潛意識是一個全新的開始，而包含了「全我」過去所有輪迴轉世的記憶則深藏其下。

當賽斯在說法的時候，曾有位學生相當好奇的問賽斯，不知他眼中的人是什麼樣子？賽斯的回答相當有趣，他說他看到的人並非單一時空的個體，而是「多重次元的人」，意思是說，他**看到的不只是這個人此世的形象，且包含了這個人所有過去轉世的形象，甚至也含括了這個人將來轉世的身分**，於是他必須常常提醒自己，他眼前的這個人只認知自己所有身分的一小部份而已。

就靈魂學的角度而言，靈魂到地球來投胎，一定要經歷過男性及女性兩種身分，也必須有身爲父親或母親的經驗。一旦進入輪迴系統，並不能說走就走，必須要走完全程才能離開。那我們怎樣才知道一個人是不是已經是最後一世了呢？大致而言，最後一世的人通常不會再生小孩，否則當他們離開輪迴系統時，仍會有所牽掛。此外，最後一世的人其過去所有輪迴轉世的記憶會逐漸浮現到意識層面，多次元的人格會慢慢整合。比如歷史上的亞里斯多德就是他所有輪迴轉世的最後一世，並不是每個靈魂到地球上來輪迴第一世就有像亞里斯多德那般的成就及智慧。

換言之，所有人也都不必太氣餒，就如國內新時代之母王季慶常說的：「成佛

是不可避免的。」不斷在時空中累積經驗及智慧的靈魂早晚會有開花結果的那一天。但是，無法體會「我創造我自己實相」的人，或尚無法有智慧認同「萬法唯心」的人，則離開悟解脫還有一段距離呢！

伴隨新時代思潮的到來，一個全民的新科學運動也即將展開。人開始成為思想及念頭的主人，繼而成為伴隨思想而來的情緒的主人、成為隨時隨地反映出思想及情緒的身體的主人，也成為由你的思想、欲望及情感具體化的人生的主人。當所有人都還在辯論到底是不是「我創造我自己的實相」時，你卻早已進入選擇你想要的思想及信念，也體驗隨之而來的人生的創造階段了！

〈根據佛教六道輪迴的理論，如果這一世作惡，下一世可能淪爲畜生或餓鬼？〉

處方 30 六道輪迴的效應

據我所知，「六道輪迴」是佛教特有的觀念，指的是「天人、人、阿修羅、地獄眾生、餓鬼、畜生」，六道的眾生會因爲自身的業報及因果，而在轉生時相互的轉換形體。

「六道輪迴」是一個相當震撼人心的觀念，在許多的層面上都有其意義。首先，它指出了萬物本是一體，而眾生（也許也包括了所謂的「有情」及「無情」）

其實是同源的，因此「本是同根生，相煎何太急」。在目前環保意識高漲的年代，也許保護動物協會的人會很歡迎這樣的觀念。

但如果以這樣的觀念來看社會現狀，恐怕會產生很可怕的現象。當你經過一家炸雞店，或當電視上熱騰騰、香噴噴的烤乳豬畫面播出時，你也許心中會想：「唉！不知那是不是我那可憐的前世父母、兄弟姊妹或愛人？」就算那投胎當雞的人前世壞事做盡、天良喪盡，當他成爲你口中香脆的炸雞排時，恐怕你也咬不下去吧！

因此，本來是一個色香味俱全的世界，如果你定睛一看，糟糕了，怎麼全成了人吃人的世界，今世你吃我，下輩子我吃你，眞是冤冤相報何時了。

更有甚者，到底哪些人下輩子不能再當人呢？根據機率的算法，大概你下輩子當人的機會只有六分之一，當然，另外六分之一比較好的是當「天人」，但是天人仍未離開六道輪迴，如果不努力還是可能墮入地獄或投入畜生道。此外，你有六分之四的機會成爲阿修羅、地獄眾生、餓鬼及畜生。

六道輪迴的思想在人心當中也起了很大的警惕作用，當初因爲世人無知，以爲作惡可以逍遙法外，以爲只要我不說、你不說，就不會有人知道，誰知竟然有個「六道輪迴」的存在，每個人死後按照他這世的功過得失，接受審判而入下一道的輪迴。再說一次，當人的機率只有六分之一哦！這種內心的罪惡感及賞罰的觀念於是深入人心，人們會開始怕墮入其他道的輪迴而努力向善。但是，我不知道這種因爲怕入地獄而不敢做壞事，或怕輪迴爲畜生而不敢吃肉是不是一種教化人心的良好方式。

根據新近的教育理論，利用害怕被處罰的恐懼而達到的學習效果是不比正面鼓勵及愛的教育所達到的教化效果好。

因此，新時代要有新的教化人心方式，而且不是建立在恐懼及處罰的觀念上。依照新時代大師賽斯的論點，六道輪迴是過去一種教化人心的方便說法，卻也是對一個更大事實的扭曲說法。更大的事實是，就能量及意識單位的觀點而言，所有的生物（包括動植物、細菌、病毒）、所謂的無生物（如礦石、大氣、水）、所有的能量及物質（包括原子及分子）都是有意識的。甚至就肉體而言，我腐敗的肉體成爲大地的一部份，也成爲明日的花草、動物的一部份，所有生物的形體及無生物的元

素不斷的進行生滅及轉換。就這個層面來看，一粒沙即一世界，宇宙就是你也是我，是雲朵也是糞，何來分別，又何需六道輪迴？

就實際形體而言，魚類、兩棲類、哺乳類、鳥類，有其各自的輪迴，人類意識的形態也只適合人類的肉體，沒有誰比誰高等、誰比誰低級的問題，並不是人做了壞事就要變成動物，這樣動物豈不無辜？**萬物各有其美，各有其意識的獨特性，並不可以用人類狹隘的「意識階級論」來矮化其他生物。**

因此，尊重一切，包括生物及大自然，體會萬物本一體，才是正道。

自性篇——行動是最有力量的冥想

「心想」必須配合「行動」才能「事成」。
一天至少一次，採取符合你信念及願望的行動。
如果你希望有錢，那麼，從當下相信你是有錢的，
並買一件比平時貴十元的東西，
記得，懷著信任去做，
那多花的十元總會再回到你身上，
要做出好像你所擁有的比你現實擁有的要多。

如果你希望健康，那麼，請跟我這樣做：
相信自己沒病，且做出「好像沒有病的樣子」，
隨即貫徹你的信念，採取一個簡單可行的行動，
將你認爲自己健康的信念帶出具體的實現，
例如爬個小山、游一次泳。
放下你的頭腦及理性。
相信我，你的病很快就會痊癒。

處方31 偶爾「心血來潮」過日子

〈每分每秒都要運用在有「生產價值」的事物上，否則就是虛度光陰？〉

從小我們就被教導「一寸光陰一寸金，寸金難買寸光陰」，從小我們就被教導不能浪費時間，每一分、每一秒都是珍貴的，都必須充分利用，否則不進則退，比不上別人，或浪費生命。

出了社會之後，也許有些人成了家庭主婦，成了忙碌的上班族，要忙事業，又要忙家庭；如果你是一個企業的主管，會希望在生產線上的每一分每一秒都有「最大產值」，會希望你的員工做好「時間管理」，有效的在最短時間內完成最多的事情。

因此，市面上出現了許許多多時間管理理論及專家，教導小孩子如何善用時間，不分心的在最短時間內背最多的單字；教導家庭主婦，如何榨乾每一分鐘休息的時間，在下班之後將家事做得又快又好；教導上班族，不要左顧右盼、虛度光陰，如何在每一分鐘都精神奕奕，全力衝刺，全力以赴；教導一間工廠的老闆，「時間就是金錢」，每個產品的裝配速度愈快，銜接空隙愈短，效益就愈高，產量就愈大，也就愈賺錢。

整個社會都在充分的利用時間、壓榨時間，非把一天二十四小時滿滿的榨光爲止，最後連坐公車的時間、發呆的時間、坐電梯的時間、上大號的時間，都必須貢獻給理性及理性認爲有生產價值的事物上。

可是，這眞的就是生命嗎？生命一定得這麼過嗎？那些所謂的時間管理大師及充分利用時間的人眞的是時間的主人，還是生命的奴隸？

當一個勤快的人背後的信念常常是「我的每一分鐘都必須有生產價值」，但新時代賽斯的思想全然不是如此，而是「每個片刻都非常有價值，不管那個片刻有沒有在做『有價值』的事」。很多人常常因爲沒有把時間用在「生產價值」上，而覺得虛度光陰，具罪惡感，於是努力想把時間用來做「該做的事」，卻又沒去用，或做得不好，而充滿了挫折及失落。

但是，把時間用在該用的事物上，充分的利用每一分、每一秒，大部份都是理性頭腦推理的結果；比如說，有人利用時間去運動，要在最短的時間內達到最大的運動效果，心跳必須達到每分鐘一百二十下以上；有人利用時間去休閒，用最少的錢和最短的時間，玩最多的地方，看最多的景點；每個人都用最有效率的方式「利用」時間，甚至連運動及休閒也不放過，但我懷疑，人這樣眞的會快樂嗎？

這一切都是理性頭腦運作的結果，都是講求效率、講求功利的工業社會現象。比如說，我最近在輔導一位肺癌的病友，他一輩子都在講求效率，所有的一切都訴諸理性，惟有充分利用時間創造最大成就及利益的理性才是他所信賴的，等他到達了金字塔頂端的時候，才發現自己罹患了肺癌，我在想，肺癌可能在教這個人生命可以有不同的過法。

「生產線時間」意味著你必須修剪掉許許多多的分心，一切都以理性來計算，你必須裁減掉一大堆的「心血來潮」或「來自內心的衝動」，那些心血來潮或內心一時的衝動，都可能破壞你的效率或理性計算下最快達到目標的時間。因此，每個人都成了一板一眼的機器人。

然而，內心的靈魂卻不是這樣想的，也不想過這樣的日子，我們必須開始由「利用時間」轉成「享受時間」。偶爾，我們不該去計算這次約會是否能達到交一個男朋友或進入婚姻的「產值」，我們該眞正放下理性的頭腦，吃一頓飯就全然的享受吃一頓飯，而非吃這頓飯能交幾個朋友或談成幾筆生意，人生「精算」到這個地步，還有樂趣嗎？還有意義嗎？還值得活嗎？縱使自我覺得功成名就，還想活下去，靈魂卻早已不想活下去了。**靈魂要的是，偶爾跟著「心血來潮」過日子，每一個片刻的時間不是用來「利用」的，而是用來「享受」的。**

處方32

每一天都是生命的第一天

〈我覺得自己在退化，日復一日的生活，沒有新鮮感？〉

人生的每一點都是生命的終點，也是起點。

生命的每一天都是人生的最後一天，也是第一天。

每一個清晨都是宇宙的第一天，也是最後一天。

各位還記得你第一天上學的興奮及好奇嗎？你還記得第一次約會的那種又期待、又怕受傷害的心情嗎？還記得領到這輩子第一份打工所賺到的薪水嗎？

記得以前聽過這樣的一件事，有個老師相當驕傲地告訴他的新進同事，他擁有三十年的教學經驗，但他的新同事卻告訴他，「不對，你只有一年的教學經驗，因為其後的二十九年只不過是在重複那第一年罷了。」這個故事令我印象深刻，我常常覺得很多人得了「生命的慢性病」，這指的是已經失去生命的新鮮及活力，每天只是無意義、機械式地重複前一天罷了。

因此，當腦海中浮現「每一天都可以是生命的第一天」這句話時，我內心的震撼相當大。比如說，一個四十歲生意失敗的人，他可以回顧自己慘痛的過去、一無所有的懊悔及愧對家人的心情。他或許會將「那一天」當成生命的終點，選擇走上絕路或從此自暴自棄；但是，他也可以將「那一天」當成生命一個全新的開始，進入一個沒有過去、沒有現在、沒有未來的「當下之心」，在當下將創造力全然地發揮，在當下重新開始，開創他想要的未來。

有些剛退休的人來到我的門診，我會問他，從你六十五歲那天退休開始，假設你長命一點，可以活到九十歲，這二十五年你打算做什麼？我知道有些人會把六十五歲當成生命某一類的終點，停止從事挑戰性、冒險性的工作，停止參與社會有意義、有生產力的工作，停止自我學習及自我成長，每天僅從事一些無關緊要、無聊透頂的休閒活動，然後開始這邊退化、那邊衰老。拜託！二十五年吔！你要過將近一萬個重複的一天嗎？想想看，如果你是由零歲到二十五歲，你的生命會充滿多少的樂趣、挑戰及可能性？你將可以學習多少東西、完成多少成就？爲何六十五歲到九十歲就不行？雖然你的體力會略微減退，可是累積了六十五年的經驗及智慧難道都是白費的？

你到底是用六十五年的經驗框架住自己、侷限住自己，當作自己裹足不前的藉口？還是用六十五年淬煉出來的智慧，當作生命另一個開始的燃料？

不管你是一個六十五歲即將退休的人，還是一個四十歲的家庭主婦，或者是一個三十歲仍待業中的年輕人，我都希望你能夠有一個全新的人生觀：**每一天都是一個新的開始，你可以將它當成所有過去的終點，卻也是一個起點。人生永遠不嫌遲，創造永遠在當下**。只要我們把握住當下創造的契機，未來永遠有無限的可能性等著我們。但是我們常常執著在過去，沒有告別過去的自己及過去的人生。

我常常會有這樣的感覺，當每一天的清晨由床上醒來的時候，我是一個剛剛從

宇宙深處重新創造出來的人，而我的身體也走過了彷彿一世紀的死亡，由宇宙的能量重新再集結出它的健康及活力。我是一個全新的自己，帶著一個全新的眼光及好奇看這個世界，我是一個由靈魂睿智的深處所浮出的一個全新不同的「自己」，這個「自己」其實和昨天的自己、前天的自己、過去每一天的自己都不同。我說的是「真正完全不同」的一個人。我每天夜裡由靈魂深處又升起了一個自己，既不受過去的束縛，也不受未來的侷限。

我那多次元、無窮創造力的靈魂，在每個日昇日落之間產生出無數個自己，每個自己都活在它的今天，活用它的當下，如是觀之，「我」既無界限，也無分割，充滿了無限的可能性及生機，「我」同時活在宇宙的第一天及最後一天。

〈我不知道自己活著要做什麼，不快樂也沒自信？〉

處方33 尋找眞正的自我價值

最近我一直在疑惑，爲何大多數的現代人都不快樂，似乎都缺乏眞正的自信心，也不明白自己眞正的價值，甚至有些人到後來根本不知道自己活著幹什麼，或接下來生活的目標在哪裡？

對我這樣的好奇寶寶而言，我怎能忍受不去弄明白這到底是怎麼一回事，或到底該怎麼解決？且身爲賽斯學派的心靈治療師，我一定要去了解爲什麼及怎麼辦，才能眞正的幫助人們！也許是我這種強烈的呼求及渴求幫助別人的心形成了一種「求知場」，而得到了夢境及內在心靈的「回應」，於是有一天，我便如獲啓發似地知道這是怎麼一回事了！

原來現代人建立自我及獲得自信的方式是透過「與他人比較」而來的。各位想想看，當年你在受教育的時候，有沒有人是因爲「你是你」，肯定你獨特的能力及個人性，肯定你與眾不同的特色，讓你以「身爲自己」爲傲的？還是你永遠是「被比較的」，有沒有比別人功課好、體育好或才藝能力棒？比別人考上更好的學校或長得更好看？

各位眞的想看看，從小到大，有哪一樣你不是被拿來比較的。我還記得以前的學校有選「模範生」的制度，似乎鼓勵每個學生都必須向某一種典範學習，或符合某一類的標準，才叫做「好學生」！天啊！眞是一種可怕的思考模式，本來每個人存在的價值就是天生的，每個人本來就該被鼓勵探索他自己的個別性及獨特性，每個小孩「本就該」與其他的小孩不同，而「根本不能」拿來做比較。這種選舉模範生的制度，彷彿是要抹掉每個小孩的個人性及獨特性，而令每個小孩成爲大量製造下最沒有瑕疵的產品，可是也最沒有特色。

每個父母都期待：孩子，我要你「比」別人優秀；孩子，我要你「比」別人強。天啊！又是比較，眞是可怕。難道我們從小到大的自我價值及自信心，就是這樣透過不斷比較而建立起來的嗎？逐漸長大後，我們的自我價值及自信又是如何建立的呢？我家小孩有沒有比別家小孩功課好？我家先生賺的錢有沒有比較多、地位有沒有比較高、長得有沒有比較帥？我家房子有沒有比較大、比較漂亮？學歷、能力有沒有比別人高？車子有沒有比別人名貴？家裡吃的有沒有比別人好？到後來沒得比了，只好比年齡及健康與否。

整個世界及社會都活在這種「比較心」下，沒錯，對某些人而言，彷彿懂得比較才懂得知恥向上似的；沒錯，對某些人而言，透過與別人比較及競爭可以提供他奮發向上的動力。但是，大家別忘了，這種透過比較及輸贏競爭的遊戲剛開始玩很過癮，如果你背景不錯，能力強，運氣佳，一路過關斬將，到達金字塔的頂端，累啊！孤單啊！而且你還得隨時擔心被追上或背後被捅一刀，你是雖勝猶敗！每天恐懼焦慮，提心吊膽，不快樂啊！

也許你比較不幸（或比較幸運？），努力有餘，天分不足，自我期待愈深，要求愈高，落得挫敗愈大，一路完全比不上別人，在人生的競技場上只有落後吃灰的份，自覺是個徹底的失敗者，每天活在低自尊、無力沮喪及痛苦的心境中，也許最後走上自暴自棄及自殺一途。

在這場人生輸贏比較的競技場上，不論你是贏還是輸，最後都只有輸家。我覺得最悲慘的還不是贏或輸的問題，而是當你贏的時候，你不知道贏的是什麼？當你輸的時候，也不知道輸的是什麼？你只是在玩一場人生輸贏的賭局！你只是透過「比較」在過人生，你只是透過「比較」去認識你是誰或建立你的自我價值。

從頭到尾，你完全不認識自己，完全沒找到自己眞正獨特的個性及自我價值，縱使暫時贏了，快樂也是短暫的，你變得不自由、不快樂了。透過「比較」，你完全的迷失了自己，從不知道爲誰而戰、爲何而戰？

看到這裡，你一定會問：那麼要如何才能找到自我價值呢？首先，你必須明白**自己是全宇宙最獨一無二的存在**，其次，**了解到你的價值是天生被賦予的，而非靠後天的努力才能證明**；你天生就有價值，不是指你天生比別人優秀、比別人有天分，而是說，你是由天生就具有極大創造力、圓滿智慧的「內我」生出來的，因此，就新時代賽斯的觀點而言，**只要你做你自己、覺察你自己、成就你自己，你就會達到自己最大的「價值完成」**。

但到底實質的步驟是什麼呢？你必須靜下心來，開始學會向內看，向內看你自己這個人的獨特性是什麼？停止只會向外看的這個壞習慣。拼命向外看，一直想與別人比較，只會幫助你建立膚淺的價值及假象的自信心與快樂，搞到後來，你會身心俱疲而痛苦不堪！

你得學會放下理性的思考。理性思考只用來評估客觀的環境及從事客觀的測量，若要達成人生的目標及建立眞正的自我價值，你一定得先放下理性及邏輯的思維。你要開始傾聽自己內心的聲音，開始感覺及運用直覺的力量，開始學會用聰明的理性來跟隨「內心的衝動」。

在我輔導的幾位罹患肺癌的個案當中，我發現他們只學會運用理性思考及邏輯推理的力量，用最理性的方式達到人生的目標及安排日常的活動，以理性及有效率的追求來實現自己生命的價值或與別人互動，在自我價值的實現上則常透過與別人競爭及比較而達成。有時我甚至會這樣認爲，透過肺癌的形成，他們彷彿在告訴對手或周遭的人，不要再比較了，不要再彼此較勁及爭個你死我活了，我認輸了，我臣服了，我們不要再鬥下去了，和解吧！

在這種內心的呼求下，渴望的不再是勝利或輸贏，而是彼此眞正的愛及關心。透過理性的比較而建立的自我價値常常是空的、是虛假的。我會教導這樣的個案，你有「隨興」過日子嗎？你會因「心血來潮」而立刻採取行動嗎？你會不管理性，不管社會的規範，不管別人的眼光，只要不會傷害自己、實質的侵犯到別人，而一時興起地跟隨內心的衝動做人做事嗎？

如果你沒有的話，那麼在將來的人生，你還有機會「重新做人」。不幸的是，在目前人類普遍不信任自己的情況下，來自內心的衝動常被視爲來自第一：愚蠢的本能，只會令你犯更大的錯，招來更多的訕笑及引致更大的失敗。第二：自私的基因，是爲了弱肉強食的目的，及求取生存的暴力手段，總之，是一種自私自利的表現。第三：壓抑的潛意識，是從小到大所有壓抑及與現實衝突的原欲，是混亂不理性的。因此，在這種種內心衝動的扭曲集體及個別認知下，來自內心的衝動就「顯得」愈來愈不可信賴，那麼人就必須愈依賴理性來解決所有生命的困境及挑戰，建立自我價值及追尋生命方向，而且理性還必須用來鎮壓來自內心一陣陣的騷動不安及伺機作亂的「衝動」。

眞是太糟糕了，這樣人怎麼可能眞的認識自己，及建立眞正的自我價值呢？此時我會建議把過去所有科學、宗教、心理學及專家權威告訴過你的話統統放下，你必須開始相信，你所感受到的「內心衝動」是來自比你的頭腦更聰明、更有理性（當然，這是一種高度進化的理性，而非頭腦自以爲是的推理理性）、更掌握所有資訊（甚至把所有過去、現在及未來都計算進去的資訊）、更有智慧及慈悲（因爲不只帶給你個人好處，也將全世界所有人的利益都考慮進去）的內我或內在自性。

當然，你還是必須透過自己的理性思考去判斷或思索該如何進行，否則，要你這會思考的人幹嘛？然而，最大的原則仍是以新時代的戒律——不侵犯——爲準。你必須將自我的理性及內心的衝動結合得很好，彼此合作無間，而非相互對抗。以新時代的術語而言，來自內心的衝動即是人性和內在神性及佛性之間的橋樑，也唯有透過這樣的過程，你才能找到並建立眞正的自我價值。

因此，朋友們，回到內心去追尋你存在眞正的「價值完成」，停止一切的比較心，你的人生才會眞正開始，你才可能眞正自在。

〈我對自己、別人及世界的看法，對我會產生什麼影響？〉

處方34 善用自我，決定你的未來

人類是所有的生物當中「自我」最發達的，憑著自我意識的誕生，人類將整個地球意識上的探險向前跨了一大步。「反省的一刻」也於焉出現，人類的記憶力可以在當下喚起我們對過去某件事栩栩如生的回憶，也可以憑藉記憶及經驗之助，推理出可能的未來，或在腦海中想像出未來的可能畫面。

何謂「反省的一刻」？指的是當人類的自我意識誕生之後，自我第一次有機會脫離本能的限制，自我被釋放了，被給予了「自我選擇」的機會。人類第一次有機會「回過頭來看自己」，對自己、別人及周遭的這個世界「品頭論足」。自我終於有機會從現在的這個立足點來看它的過去及想像它的未來。自我終於有機會產生它自己的「看法」——對自己過去、現在及未來的「看法」，它也可以對別人、對這個世界有一個「看法」。

這樣的自由意志是人類被給予最偉大的禮物，也是在萬物的祝福下被給予的，所有地球上的意識——空氣、岩石、水、植物、動物，都欣喜及期待人類這個偉大意識上的突破及冒險，這是一個全地球的意識都共同參與的偉大冒險性合作，看看人類這自我意識的誕生會爲地球帶來多麼精采的不同。

人類是大地會思考的那一部分——賽斯如是說。早期的人類花了很大的努力才學會把現在這一刻和栩栩如生過去的回憶及未來的想像分開。人類意識最大挑戰就是「心懷過去，著手現在，放眼未來」，人類的自我意識以一種奇怪的方式將過去、現在及未來組合成一個畫面，因此，人類也成了唯一能對自己的過去感到驕傲或挫敗的族類，也是唯一會對未來充滿信心或絕望的族類。其他的生物並非沒有

「看法」，只是它們的看法蘊涵在生物的本能上，是與生俱來的一種生物學上的知曉。

由此之故，人類的身體承受了極大的壓力，因爲身體除了在生物的本能上「活在廣闊的現在」（那是指生理上，身體的每個細胞都活在對所有可能的過去、現在及未來的全部知曉上），尚必須對「自我意識」所產生的對過去的回憶、現在的評估及未來的想像畫面起反應。其他生物卻只須在「廣闊的現在」針對當下起反應，這也是一般而言，動物的健康要比人類好得多的原因。

但人類的自我意識除了體會生老病死及必須爲生存奮鬥之外，到底偉大在哪裡？誕生的目的爲何？人類到底要如何才能發揮自我意識的功能，好好的過自己的人生，協助其他的同類，或幫助整個地球的生物，而不致讓自己的同類走向滅亡，把地球搞得一場糊塗，以致辜負造物主的一番美意。

「自我」是一個用來產生對自己、別人及世界看法的東西，「自我」有觀念，可以思考、感受情感。自我因爲有「看法」產生兩個作用，一是指揮身體的行動，建構具體的日常生活，另一是指揮身體內部的生理現象，決定一個人是生病還是健

康。

舉例而言，人類的自我實在太偉大了，以至於人可以透過相信「我是笨蛋」而將自己真的變得愈來愈笨，也可以透過「相信自己是個沒有價值的人」這個想法逐漸摧毀自信心，在家庭生活、事業及人際關係上「真的」變得一無是處。

如果你真的明白自我意識的偉大力量，及明白如何發揮自我意識的功能，那麼你就是一個最了不起的人，因為你會懂得運用「你對自己的看法」當作最偉大的指揮及創造的力量，而將自己創造成「你眼中的自己」；你也懂得利用「你相信自己是個怎樣的人」、「你對身體健康的信心」重塑身體的健康。你更懂得運用自我意識的偉大力量，以「你對別人及世界的看法」來創造與別人的互動關係，及整個文明與自然世界的種種面貌。

因此，如何善用「自我」，將決定你自己及世界的未來。

〈我曾經表現超棒，彷彿超越了自身的極限，不太像平常的自己？〉

處方35　神識超拔的我

我不知道各位曾有過這樣的經驗嗎？在生命的某段時刻，在你從事某件事時，突然發現自己「很行」，那時的你思路清晰，能力超強，做事特別順，某些本來想不出來的事，一下子就想通了，克服不了的難關一下子就突破了。那時的你在心靈深處有一種奇異特殊感，彷彿你不是「平常的自己」，彷彿你與一個更深的力量連結了，你認識到一個更深的、更有能力的自己，一個超越了你所知的自己，所謂

「神識超拔的我」。

描述一下我自己的經驗吧！在國中一年級的時候，班上舉辦辯論比賽，我擔任結辯的角色，因爲是第一次參加，心中起初仍帶著膽怯，可是當我「漸入佳境時」，感覺自己突然「換了檔」，以極大的勇氣與無比的自信說出震撼人心的智慧話語，感覺那時的我似乎不只是平常認識的自己，那種感覺就好像：裡面有個我，裡面有個過去不認識卻又彷彿很熟悉的自己，那個自己是那麼地有自信，彷彿擁有超能力，能看清事物的本質、洞悉人心，甚至能預知未來。他有著那麼大的愛心，其能量遠遠超過我所知的自己，任何的困境似乎都能迎刃而解，他就是我那「神識超拔的自己」，就是我內在的「神聖內我」，就是「我的神」。

我相信各位在生命當中也一定有過類似的經驗，也許你記得，也許你忘記。在此我願用最大的熱情、最殷切的期盼，喚起你那既遙遠又熟悉、既陌生又親切的回憶。**你那「神識超拔的我」一直蟄伏在你的心靈當中，他曾經在你生命的某個片刻「露出臉來」，他的出現令你在瞬間「充了電」，你甚至有一個奇特、魔幻且不符現實的感受及自信**。因爲他的出現，你的心理狀態、情緒狀態起了變化，你內心深處

「突然明白」一切都沒有問題，你是受到祝福且受到恩寵的，你突然有一種「啥米攏不驚」的勇氣。但實情可能還沒那麼簡單呢！

你有沒有一瞬間覺得自己有洞悉人心的能力，彷彿你超越了對方表情語言的迷霧、僞裝及防衛，你眞的「知道了」他內心眞正想表達及眞正的感受，也許你一輩子從沒那麼清晰地透視過人心，在對方尙未說出那句話之前，你已在心中聽見，而大大的嚇了自己一跳。

你有沒有一瞬間看清楚整件事的來龍去脈，彷彿整件事的發生、過程及可能的結果都在你「覺知的光照」下看得一清二楚，而你這輩子好像從沒有那麼頭腦清楚過。更奇妙的是，在一種奇異的覺知下，你似乎可以「預見未來」。光是這樣還沒什麼了不起，更可怕的是，你卻又那麼清清楚楚明明白白，現在的你採取了哪一個行動，將改變哪一個「可能的未來」，或帶來哪一個「你想要的未來」，而過去、現在及未來以一種奇妙的方式連結了、流動了，卻又彼此關聯。「神識超拔的你」深深明白：自己是有力量可以決定及創造自己的實相的。

你有沒有一瞬間覺得自己「根本就沒有病」，縱使你之前曾被診斷出癌症，經

歷過開刀、化療及放療，縱使你之前曾被判定有慢性病且已服藥多年。在那一瞬間你突然明白，這一切身體的病痛都只不過是一個「物質化了的幻象」。「神識超拔的你」深深明白：我根本就沒有病。更神奇的是，這種突然的了悟「眞的」改變了你身體的原子及分子，眞的逆轉了基因的表現及具體的生理現象。相信我，如果你容許它的話，你眞的會立刻痊癒。

你有沒有那一瞬間覺得自己有一種偉大的、不可思議的自我療癒能力，可以讓自己在很短的時間內自我復原？你有沒有一瞬間覺得自己有一種神奇的能力，可以知道別人病痛所在，擁有治癒別人的力量？你有沒有一瞬間覺得自己的生命有一個更大的使命，可以成爲腳踏實地的理想主義者，發揮自己的能力造福人類？

親愛的朋友們，你沒有錯，也沒有瘋，這一切也都不是幻覺或妄想，這就是你內在那「神識超拔的自己」，我要你全力去回憶，用力去感受，你不只是你平時認識的自己，你就是祂，祂就是你。請全力去接納你自己、認識你自己、實現你自己！

有沒有那一瞬間，你覺得大地是「活的」，你彷彿可以和樹說話，和鳥的意識溝通，與一條溪流的靈魂合而爲一。在彷彿意識擴大的狀態，在出神的那一刻，仰望天空飛翔的老鷹，剎那間，你發覺自己感受到撲打的雙翅，在如幻似夢的那一瞥，你竟然由老鷹的雙眼看到大地。那一刻的覺受是如此的生動眞實，如此的歷歷在目，在你理性的頭腦尚未發現這一切是「不合理的」、「不科學的」、「精神錯亂的」之前，你的心靈卻早已不受約束的體會到萬物一體的眞諦。

有沒有那一瞬間，你感覺自己及周遭的人都是神聖地球舞台上的偉大演員，在所有人表面的性別、表面的身份之下，每個人都是一個「更大身份」的一部分。你感受到那所有人的更大身份是如此的神聖、多次元且充滿了創造性，以至於祂能扮演各式各類的角色，分散到各個不同的時空，演出不同的性別，而不致弄混亂了。更奧妙的是，你覺察到自己「多次元的本質」，第一次眞正明白，原來自己有一個超越時空的偉大本體，原來現在的自己、俗世的人生，只不過是那個「神識超拔的自己」，那「神聖內我」在地球這個時空的一個演出角色罷了。你驚訝地看著周遭的人，在他意識不知覺的另外一面，你知覺到他原來曾經在、一直在，也將繼續在所有其他時空扮演其他的角色，有著其他的演出，在如此深刻的覺知下你也許感動的哭了，卻說不出一個字。

有沒有那一瞬間，你赫然發現自己所處的時空，你所處的房間、空間及物質環境，都是由活生生的心靈能量所形成的「心靈布景」。你驚訝地發現，你生活了一輩子、以為是唯一的物質環境，竟然是活的、有意識，且有反應，你以為自己瘋了，但事實上你並沒有瘋，只不過發現「眞相」而已。不但如此，你本以為肉眼所見、肉體所活的時空是唯一且絕對的物質環境，這下你眞的嚇壞了，原來這活生生的心靈布景只不過是無數的時空心靈舞台「之一」；在你「神識超拔的我」穿透的覺知之光下，你打開了自己的「內在感官」，看到在這個時空之內有「無數的時空」，所有過去的、未來的及可能的現在的時空環境，都具體而微、纖毫畢露地呈現在你的眼前。

我再強調一次，你並非精神錯亂、以為只是穿透時空的幻象罷了。愛因斯坦只不過發現時空的相對性，這「神識超拔的你」眞正體會到時空的多次元性。

有沒有那一瞬間，在你心神澄明、意識擴大的狀態，你打開了細胞的古老記憶，處在原子、分子不斷旋轉飛舞的意識中。你不只是在看一場侏儸紀公園的恐龍電影，或欣賞一隻假惺惺的恐龍模型。你感受到自身意識狀態的改變，感受到自身細胞身爲恐龍的古老記憶，活生生的感知到身上的盔甲、厚皮，足下的利爪，龐大的身軀，粗重的怒吼，強大的活力，大地的震動。這一切都不是幻覺，都是你「神識超拔的自己」的自然體會及感受。

在你讀這些文字的時候，有沒有感受到自身內在某些古老的記憶被觸及了，體內的細胞意識、原子分子意識、心中那「神識超拔的我」，是否已經開始蠢蠢欲動？

是的，以上所有的描述都是眞的，意在喚醒你心中「神識超拔的自己」。是的，朋友，你以爲現在的自己是醒著的，但我告訴你，其實你還在半睡呢！離「眞正的清醒」還有一段距離！因此，從你現在的清醒狀態再醒來一次吧！你不只是你自己，你內在有個「神識超拔的自己」。

再次的，你我都是那古老的、神聖的、龐大的、莊嚴的、充滿智慧慈悲的「說法者」之後代。我們每個人都有著心靈上的偉大稟賦，那「神識超拔的自己」，才是你我眞正的身份啊！

處方36 內心的那朵千瓣蓮花

〈表現得好，我的自信就來了；表現不好，我的自信也沒了？〉

要增加自己的自信心其實非常的簡單，那就是多去看到自己的優點及表現好的地方，而對自己的缺點及表現差勁的地方採取接納的心態，不要去加強。

自信心爲何對一個人如此重要？當一個人自信充足的時候，他會活得很積極、很有活力，對自己及周遭的人事物充滿肯定及正面的心態，而且對未來充滿信心及期待。在生理的層面上，這個人的自信心會大大提升他免疫能力，身體對能量的運

用也會大大增強，不但不容易生病，也會散發出一種健康活力的光彩。

當你臉上充滿自信的光彩時，彷彿有一種化妝也比不上的明亮，周遭的人會喜歡靠近你，和你說話，每接近你一分，好像就可以在你身上感染到自信的喜悅似地。猶如一種光的流動，這樣的光不但由你的內心深處散發出來，更彷彿照亮了你周遭的空間。

這樣的一種自信並不是說你表現得很好，就覺得自己很棒、很優秀；表現得不好，就羞於見人，躲在山洞裡偷偷練功，等待實力長養好了，再好好表現一番。如果是這樣的一種自信心，那根本就是假的、空的，且根本不會長久，因爲世事無常，誰又能永遠的成功。

現代人的自信心其實多半出了問題，大多數人的自信心是來自「doing」而非「being」，你因爲自己做得好，就覺得自己好；因爲自己做不好，就覺得自己差勁、沒用，因此你會努力表現來證明自己存在的價值，剛開始可能還覺得自己滿有成就感，可是到後來，怎麼發現自己愈做愈累，愈做愈沒力，身邊的人好像也沒那麼肯定及感謝你。於是，你慢慢失去了對自己的信心，不快樂，身體也開始出現各種毛病。

新時代提倡的自信心是一種來自「being」的自信；不是來自「自我的表現」，而是來自「自性的呈現」。

所謂「自性的呈現」這樣的自信，是來自體會到「意識宛如一朵千瓣蓮花」的眞諦。每個人的意識都彷彿是一朵千瓣蓮花，通常我們只看到自己是其中的一片，孤獨地活在物質的時空當中，沒有看到我們的自性，我們的本體其實是超越時空的、是慈悲智慧與神通俱足的、是如如不動的；由這個不可思議、具無窮能量的本體，長出一個又一個的自己，每個自己都處身於不同的世界當中，有些在過去的時空，有些在未來的時空，有些則在可能性的實相當中。

這樣的一種體會，會霎時之間幫助我們打開自我狹隘的認同，會在刹那間看穿物質世界原來只是整個心靈世界所幻化出來的「僞裝實相」，也會開始體察到自己那如如不動的本體。

經由這樣的過程而建立起來的自信心才是眞正的自信心，因爲我們體會到自己的本質是如此的偉大及無所不能，我們的本質是如此的美好及有價値，這就是我們

的「being」、我們存在的本來面目。

可是，在達到這個境界之前，我們還是得從自己的「自我層面」及「世俗層面」建立起自信心，而非那種啥事都做不出來，卻一副以爲自己很了不起的樣子，那就不是自信，而是自以爲是及自大。

你要肯定自己。**當你表現好的時候，你要肯定自己；當你表現不好的時候，你也要肯定自己。藉由這種自我肯定的心態，你會慢慢看見內心的那朵千瓣蓮花，藉由這樣的肯定，你會逐漸與宇宙及大地同心。**

〈我陷入人生低潮，有什麼好法子能讓我安然度過？〉

處方37 與「威力人格」交流

很多接觸賽斯思想的人都知道這句話：「當下就是威力之點」，也知道意識的本質「宛如一朵千瓣蓮花」，但是對「威力人格」恐怕就了解不多了，因此我在這裡想做一個簡單的介紹，並且教導大家如何運用對「威力人格」的了解，度過生命的難關，改善沮喪的情緒，或恢復身體的健康。

何謂「威力人格」？大家都知道，你現在所認識的自己只是你的「存有」的諸多展現之一，在存有的每個不同的人格當中，有些發展得較好，有些則尚處於「同志仍須努力」的奮鬥過程；在這些人格之中，有些能直接由存有汲取了不起的能量，他們可以將這些龐大的能量建設性地用在生活中，也對他們生存其中的世界做出偉大的貢獻。這就是所謂的「威力人格」。

知道這些有什麼用？是的！大大的有用，現在的你也許正處於生命的低潮，失業了，婚姻也觸礁，或是你的創造性工作正處於瓶頸，**對這些威力人格的認識及與他們的交流會帶給你陣陣雄心的爆發，讓你的生命力再度旺盛起來，一掃生命的低潮及沮喪，你會感受到一波又一波的創造力，而對未來再度充滿信心及希望**。

但是，我們到底要如何才能體會及感受這些「威力人格」呢？首先你必須知道他們的存在，然後在心中形成一個強烈的渴望，渴望得到他們的幫助，汲取他們的能力及創造力。

方法一：如果你是一個會畫畫的人，那麼請拿起你的畫筆，在你腦海中形成一個栩栩如生的影像，這個影像代表你理想中自己的版本，具足智慧、愛心及勇氣，它象徵你靈魂的活力，及對能量了不起的運用，將這樣的一個形象專注地畫出來，當你在畫的過程中，你已在心靈與「威力人格」開始交流了。

方法二：這是一個夢中的練習，而夢是通往所有可能實相的門戶，在睡前稍有睡意時默唸「意識宛如一朵千瓣蓮花」，在心中誠摯的請求，希望藉由與「威力人格」自己的接觸，帶給自己身心靈的成長。如果你身體有病，那麼就想像你的「威力人格」擁有了不起的健康及活力，與他接觸將徹底改善你的健康，恢復你的活力。當你醒來也許記得、也許不記得這個夢，可是你會有一種彷彿與親密的老朋友會面後的溫暖及喜悅。

方法三：在安靜的環境中坐著或躺著，心中懷著強烈的渴望，渴望自己與這些血濃於水的「威力自己」達成接觸，然後讓自己進入意識改變的狀態，將心靈完全的清澈，此時留意腦海中出現的影像或聲音，但是，以平常心待之，而不起任何的分別心或批判心。

當你和這些「威力人格」接觸時，不只帶給自己生命的活力，或對自己的存在有更深的了解，其實也幫助這些威力人格藉由與你交流而擴展他們的經驗，這是一種互利雙贏（或多贏）的修行法。

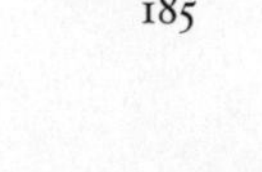

處方 38 忘了我是誰

〈我的潛意識是壓抑的、莫名奇妙的、無法理清的嗎？〉

一場二千多年前人與神聖的約會將在新的時代再續前緣。過去，基督之愛及佛陀的慈悲在人類的內心澎湃、駐足及醞釀，時至今日，其結果也將燦爛開花。

在賽斯書《靈魂永生》中，賽斯明白的指出，基督及佛陀都是所謂的「說法者」，而且還是眾多說法者中屈指可數的佼佼者。「說法者」指的是歷代以來爲人們演出內在眞理的悟道者，他們或口傳，或展現神蹟，以其高超的智慧及無盡的愛，向人們揭櫫內在宇宙的實相，告訴千萬民眾「你創造你自己的實相」這個眞理。

基督及佛陀是自願來扮演這偉大神聖宗教劇的說法者，他們知道自己將到人世來進行一場神聖的演出，以俗世人格出發，爲「神聖內我」做一場偉大的展示。如賽斯所言，「神聖偉大的內我」是每個個別人類俗世人格的來源，存在於內在宇宙，將其不可思議的愛、能量及無盡的智慧，轉化爲物質實相，成就了這個物質宇宙，包括地球及其上所有的動植物。

然而，選擇成爲人類的那一群靈魂開始了時空當中的輪迴轉世劇後，在忘情的演出中常常「忘了我是誰」，忘了這俗世人格的「我」，其實是由「神聖偉大的內我」無邊無際的愛及智慧所支持及滋養。因此，俗世的人生戲劇便成了「人格」似乎擁有的一切，而人格也自以爲，只要肉體死了，離開人間，便一無所有。

人世間所有的苦難及生離死別也於焉展開，當然，這樣的演出是有其背後意義的，是「意識心」爲了體驗它是誰，體驗它如何由「神聖偉大的內我」汲取能量，再按照它自己的信念、思想、情感及意圖，創造出人生的悲喜劇，然後再一邊體驗、一邊修改，直到有一天徹底了悟到「我是如何創造出我所體驗到的實相」及「我該如何才能創造出我所想要的實相」，它同時也會明白自己的角色、自己與這神聖宇宙（不管是外在物質宇宙或內在心靈宇宙）的關係，及自己與「神聖內我」不可分割的親密。

人除了將自己的肉體感官全心全意地投入五光十色的物質世界，還以其理性心及邏輯心「客觀的」研究他早已先入爲主界定爲「客觀」的物質世界，更輔以客觀的實驗方法及精密的科學儀器加深他的「偏見」。人更被自己的思想及情感攪得一塌糊塗，不是胡思亂想、連自己想幹什麼都搞不清楚，就是情緒起伏不定、被自己莫名其妙的情緒驅動而做一些亂七八糟的事。

現代心理學的興起，某種程度而言，令人在其自身心靈的體會上加速萎縮，「神聖內我」完全受到忽略，人的心理被矮化到只剩在大腦中運作的一堆思想及情感。佛洛依德的「潛意識理論」及榮格的「集體潛意識理論」看似幫助人們了解所謂的潛意識，令人們對很多自身「潛意識或無意識的動機」有進一步的認識。然而，大家所不了解的是，現代心理學及精神分析理論，有的完全否認「神聖內我」

的存在，有的告訴人們，人的意識根本是來自潛意識的壓抑混亂及無意識的本能衝動，就如科學所說，物質宇宙及生命是來自粒子無意義且隨機的碰撞，那麼說來，生命的本質及來源又有何神聖偉大的意義？人的意識心底下盡是迷亂、壓抑、衝突、本能、無意義的潛意識及無意識。

在這些謬誤觀念的助長下，人的意識心根本不敢向內看入自己意識的本質及來源。換言之，人的意識心被迫與自己的源頭——「神聖的內我」，切斷了；人不再能活生生地感受到他的內在有另一個自己，一個活生生、有無盡的愛及智慧的「神聖內我」。這個「神聖內我」是我們與生俱來的恩寵，永遠無條件的支持及愛我們，是我們與至高無上的神——「一切萬有」之間的連結。因此，**憑者「神聖內我」，我們的生命永不迷失，永遠受到恩寵及祝福，且隨時可以得到我們所需的能力及智慧。**

當年的基督及佛陀就是爲了我們而演活了「神聖內我」這個角色。他們顯現出來的智慧及神通，都是「神聖內我」的基本特色；他們顯現出對世人無盡的愛及慈悲，其實正代表了每個人內在「神聖內我」無條件的愛、支持及接納；他們與神的連結及親密，是在告訴我們，透過每個人內在的神性、佛性，透過這「神聖內我」，我們與宇宙萬物及創造宇宙萬物的神，都是一體的。

因此，在這偉大新時代的來臨時刻，我誠摯地邀請所有人共同參與這神聖偉大的冒險，拋棄所有宗教的教條及框架，所有科學、心理學的偏頗及謬誤，眞正的認識及體會你內在那另一個自己，一個神聖偉大的內我，一個永遠支持你、愛你、與你同在的「神聖內我」。

〈我可以改變現狀嗎？有可能心想事成嗎？〉

處方 39 以心轉境，信不信由你

我稱現代人類爲「舊時代的人類」，而隨著新時代思潮的蓬勃，將來的人類會成爲「新時代的人類」——我是依照人類自我覺察的能力及意識能力的下一個精神進化來做區分的。

我想好好說明這一點，因爲這關係到人類文明發展的下一個輝煌時代，也代表未來科技及心靈文明的整合，更意味著目前人類所面臨許多發展上的困境，比如貧

窮、戰亂、宗教、種族戰爭及疾病，都將產生新的突破。

舉例而言，目前大多數人類都是在所謂「心隨境轉」的境界，我們的思想、情感及行爲大多是針對外界環境的刺激而反應。首先，外界的天災，比如颱風、地震、乾旱及水災，似乎不管我們科技再怎麼發達，防災系統做得多完善，人力仍有時而窮。比如大地震動輒釋放出彷佛一、二百顆原子彈的破壞力，大自然的威力又豈是人力及科技所能掌控。

其次，人對命運的無常充滿了恐懼及不安全感，沒有人有能力掌握自己的未來，所有人都活在一個不確定的年代。你有很多的情緒：焦慮、憤怒、傷心、難過，似乎每一個情緒都是要等到「事情」先發生了，才隨之反應。那件事也許令你深惡痛絕；也許奪走了你的愛妻、小孩；也許令你失業，從此流落街頭；也許令你悲痛、傷心欲絕。你的「思想」也幾乎完全跟著外界的刺激而改變，比如好心的同事在你最困難的時候雪中送炭，你心中會想：「原來這個世界眞的還有好人。」而當你走在街上遭到機車強盜的搶劫時，你會大罵：「爲什麼壞人這麼多？治安這麼差？人情澆薄，竟沒人見義勇爲！」

仔細想想，現代人似乎並沒有發展出他們的精神能力，意思是說，現代人彷彿是活在一個客觀的大自然及客觀環境下的生物，我們大多是「心隨境轉」，我們的想像力、思考及情感是個人內在主觀的精神活動，它似乎只是個外界客觀環境刺激下的產物，是完全被動的，沒有主宰性及創造力。當風調雨順、事業順利、婚姻美滿時，我們的心境也隨之充滿了喜樂、平安及正面的感受；當災害連連、事業失敗、婚姻中出現第三者時，我們的心境不也馬上轉成焦慮、痛苦、失敗及負面的感受嗎？

再其次，我們身體的病痛更是「心隨境轉」的絕佳例子。當年輕貌美、身強體壯時，我們的心境對自己及健康充滿了信心，洋溢著快樂、青春及歡笑；當年老色衰、體弱多病時，我們的心境馬上又轉成愁雲慘霧、無奈及苦痛，不但身體受折磨，心境更是一落千丈。

以上所描述的全是舊時代人類的實況報導。舊時代人類的「心」是無能爲力的，縱使在科技、醫學及星座命盤的幫助下，仍然是被大自然的災害、不可測的人生命運，以及隨時會發生的意外、疾病、老化所追捕。「心」只能也只會隨外境而轉，而他的思考、情感及行爲，都只是針對所不能掌控的外在環境（包括身體）而起的反應罷了。

如果人能學會覺察自己內在的思想及情緒，明白內在主觀的思想及情感才是主，而外界發生的人、事、物及大自然的氣候變化眞的是如夢似幻隨心而轉，這樣的人會逐漸蛻變成新時代的人類。他會開始掌握到意識進化的方向及精神能力的開展，他的心及情緒不再只隨外境而轉，他開始掌握到內在的力量，在主觀的實相當中，明白他內在思想及情感的威力。他開始喚醒自身內在的靈性，也幫忙其他人類喚醒內在的精神力量，大家開始學會「以心轉境」，共同創造一個新時代的美麗實相。

有沒有具體的實行方法呢？首先，讓自己的心沉澱下來，再三的向自己保證，外界的人、事、物，順利與不順遂，都是自己內在心境（包括思想、念頭、情緒）向外具體化的結果。

如果你發現自己的生活當中有很多喜悅的事物，在你人生的某些層面，你感覺到相當的滿意，比如你有一個不怎麼樣的工作，卻有一個美滿的家庭；那麼，那件令你滿意的事情顯然是你心靈的一個偉蹟，在那個面向，你將自己的心靈能量運用得相當好，以至於它實現之後的樣子令你覺得還眞的很不錯，也對自己具有某一程度的信心。

但是，在工作及人際關係領域上，可能你的輪迴經驗還不夠，或累積的經驗及智慧還不足，因此在那部份心靈能量的使用上，你還是一個「新手」及「菜鳥」，就彷彿一個新手在試射飛彈一般，打來打去都打到自己的軍隊或誤射民宅，眞是令人慘不忍睹。

也正因爲你在那些領域敗得如此的一塌糊塗，你才——會在此時此刻出現在地球上，來學習智慧及長養慈悲。生而爲人，我們學習如何使用心靈能量來創造健康，創造我們想要的實相，創造出我們想成爲的那個人——簡而言之，便是如何「以心轉境」。

以心轉境的第一步是「信」，信任內在宇宙有個無所不知、無所不能、神通、智慧及慈悲具足的「內我」。信任內我是如此活生生的在你裡面，也在萬事萬物裡面，內我具有如此龐大的能量，它具有立即將能量轉化成物質的能力，也具有在一

夕之間改變你的心境、改變你的命運（包括過去、現在及未來）的能力。

「內我」能在一瞬間釋放出你所需一切的協助，它與你的關係比呼吸跟你的關係還要親密，因爲沒有內我的存在，你也不可能呼吸。內我充滿著對你無盡的愛，它了解你的每一個快樂與悲傷、每一聲心靈的哀嚎及喜悅，它隨時隨地都在「看護」著你。但是，**內我必須隨著你對自己存在本質的了解而釋放出它的能力，當你愈了解自己的時候，你愈能汲取內我的能力及智慧，但當你否定自我時，內我卻怎麼樣也都幫不上忙**。

我爲何要一再強調內我的觀念？其實在過去二、三千年來，所有的宗教精神都是要強調內我的存在，及每個人如何於自己內在找到那活生生的「神」（即內我）。當年基督的本意是如此，佛陀的本意也是如此；但也許當年的人類意識還不夠成熟，也許因緣尚未俱足，所以本來心靈的組織變成了宗教的組織，而一旦一個具體組織形成了，便會有意識形態的出現。宗教組織本應幫助每一個個體達到自我開悟，能與自己內在的神達成活生生的接觸，可是不知怎的，內在的神卻投射出去成了外在的神，甚至是巨大、昂貴的神像及佛像，本應向內追尋自己內在的神性，卻成了無知的眾生去崇拜偶像及迷信外界的神佛。

宗教本應傳達人性的眞善美、人如何信靠自己的人性而連結上內在的神性，以及人如何存在於一個安適的身心靈當中。可是後來的主要宗教則似乎更熱中去傳達原罪及業障的觀念，因爲當人回過頭看到滿身罪業的自己，甚至自己八代的祖宗都活在業障當中，於是便有更多的祈福消業法會，有更多的冤魂、亡魂等著超渡，有更多的功德等著被做以便解災厄、消業障，於是中世紀的天主教會乾脆賣起了贖罪券。當宗教組織散布更多的原罪、業障觀念，更加強人天生的罪惡感，及累世的業障，那麼它就能更廣招信徒，更崇拜師父及神佛，當然，也有了更豐富的「收入」。

於是，人對自身存在的信任、「內我」的觀念便完全被忽略了，只想更懺悔自身的罪業及做更多的功德、捐更多的錢、朝更多的山，來減低對存在的恐懼。

「每個人天生性善，並且是神性個人化的一部份」是賽斯主要傳達的訊息，但過去的文明，不論是社會、宗教或法律層面，多是建立在「罪與罰」的觀念上，廣大的基督教文明更是建立在人的「罪惡」本質上——但是那些組織及結構並不能讓

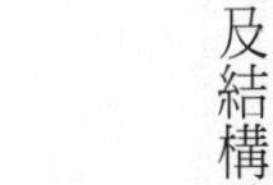

人變好，或得到基督十分清楚看到的人類本已俱足的善良。

隨著新時代運動的興起，過去謬誤的觀念統統要打破，我們要開始建立一個新的文明，這個文明的基本假設如下：宇宙具有極大智慧及慈悲的善，具有無窮的創造力及能量；大自然也處處湧現善的意圖，永遠在朝向本身及所有居住其上的生物之最佳利益前進；人天生具有善的意圖，所有的惡都是扭曲及誤解的結果，信任存在的本來面目，我們自然會做出利己利他的行爲。

這個新文明的第二大要素是「望」，是偉大的「希望」及充滿信心的「想望」。不要被外在的環境及體弱多病的身體現狀所迷惑，認爲那就是唯一的事實、不可改變的客觀實相。反之要這樣去想，現在我所看到、聽到、觸到、嗅到、嚐到的一切人事物，都是我過去的思想及情感具體化的結果，如果想改變現狀，我所要做的一切便是開始改變自己的「心境」。

第一：我相信所有一切發生在我身上的事都有它的道理，也都是一份來自宇宙的禮物。因此我願意敞開自己的心胸接納，不再憤怒、恐懼、抗拒及否認。

第二：從今天開始，我願意相信自己是善的、人類是善的，天地萬物也都具有善良的意圖。我的生命是有意義的，所有一切的發生與不發生也都是有意義的。

第三：我相信外在客觀的實相只不過是來自我過去思想及情感的具體化。只要我願意改變自己的心境，改變自己的人生觀、思想及負面情緒，這個新的「心境」在不久之後也將具體的出現在我的生活當中，成爲新的「客觀實相」。

第四：我開始有意識地扭轉想像力的方向。過去我常將想像力用在悲慘的畫面：一定會病得愈來愈重；如果找不到工作，沒有錢怎麼辦？一定家人會失望，朋友會嘲笑及瞧不起我。但是，如今我開始懷著極大的信心及希望，不再將恐懼作爲推動想像力的燃料，而是將龐大的希望能量灌注在想像力的畫面中。

第五：當我發出新的心念、產生新的心境時，再佐以無窮的希望作爲想像力的動力，我喚醒了內心早已俱足的一切萬有的力量，我內在無所不能的神性及佛性將會聚集所有內外的因緣，我的生命將開始走向不同的方向。

此時，各位仍必須切記，過去的思考慣性及情感模式仍會作用一段時間，此刻，一個不退轉的心境相當重要，因爲宇宙的法則永遠是「境由心造」，絕無例外。

處方40 成爲心境的主人

〈我的心情總是隨著周遭事物起起落落、七上八下?〉

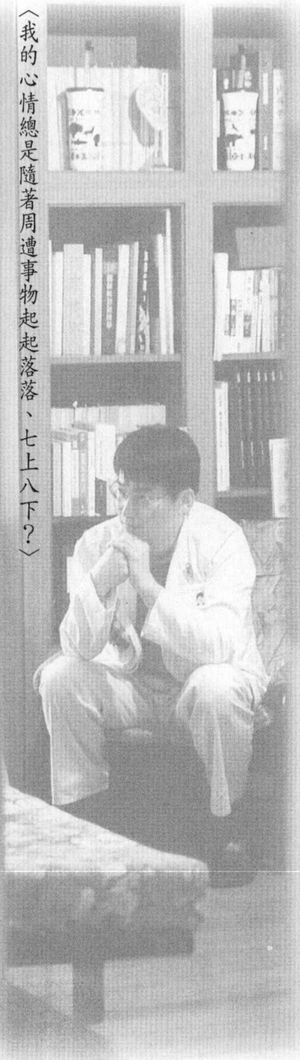

要學習以心境轉外境，首先你得先明白有三種東西，一個是「你」，一個是「你的心境」，一個是「外在的環境」（包括你人生的境遇、周遭的人際關係及你身體的健康與否）。這三者形成一個彼此相關且密不可分的互動關係。

我發現大多數現代人的痛苦，來自試圖直接用他的「我」來操縱或改變「外界的人事物」，當外界的人事物按照他的期待發生，他的「心境」就會覺得很快樂、很滿足。比如當一個男人創業成功、得到他要的權勢及名利時，就會覺得自己很成功、很有成就感；當一個女人找到愛她、呵護她的男人，或小孩聽她的話，這個女人就會有一種幸福及自我肯定的「心境」。

若是外界的人事物不符合自己的期待，或身體有了病痛，那麼這人的「心境」便會隨著「外境」起起落落。受病痛折磨時，「心境」便充滿了愁苦、無力及悲哀；當病痛遠離時，「心境」便又立刻恢復輕鬆、自在及喜悅。

因爲現代人一直讓自己的心境隨外境而起舞，彷彿自己心境好壞與否都是由外境決定似的，而且爲了讓自己的心境朝舒服、滿意的方向走，我們唯一要做的似乎就是去創造一個會令自己心境良好的外界環境。因此，我們讓自己的「我」直接面對了外在的物質環境、外在的人際關係、外在的身體狀況，我們的「我」直接與「外境」打交道，而希望自己擁有好的心境、好的情緒。

但是，許多人都被騙了，眞正影響我們的並不是「外境」，而是我們的「心境」，任何的「外境」都無法直接影響「我」，任何的「外境」都必須轉成我的「心境」才能眞正的影響我及與「我」發生關聯。這個道理非常簡單，可是各位也許想了一輩子，想破了頭也參不透。各位想想看，眞正讓「你」痛苦的是那個外在發生的事件嗎？還是你「痛苦的情緒」及「痛苦的心境」？答對了，眞正令我們痛苦的從來都不是那外在發生的人事物，而是我們那因這個外在事件而起的「心境」，一旦產生了「痛苦的心境」，我們的「我」便開始掉入令人不舒服的痛苦情緒及悲哀當中。

但是，各位一定要再想想看，既然眞正的關鍵點在於「你的心境」，當你的心境愉快時，「你」就會開心，當你的心境惡劣時，「你」就會難過；那麼，唯一決定「你的心境」的因素，眞的只是「外境」嗎？如果「你的心境」直接等於「外境」，那麼看起來唯一的解決之道，就是一定要用「你」直接與「外境」打交道，而打交道成敗的結果才能決定你的心境，那就非常的矛盾了。既然直接影響我的是我的心境，但我的心境卻又直接被外境影響，那除非我能直接掌控及決定所有外在一切發生的人事物，包括命運，否則我永遠無法擁有一個讓「我」愉快的「心境」。各位想想看，可能嗎？「外境」可能完全聽你的嗎？你的事業、小孩、婚姻、健康、人際關係，都是你能一手決定、一手掌控、按你的期待發生嗎？如果不

能的話，那麼「你」永遠受「你的心境」影響，而「你的心境」永遠受「外境」影響，但你卻又不能直接掌控「外境」。

於是，「你」根本就不可能成爲「你的心境」的主人，注定要痛苦，你無法左右外境，卻得受自己心境所左右，而心境卻又決定於外境。那我實在不知道人活著有什麼意義，也實在不曉得人生怎能不痛苦、怎能不悲哀？

後來我想了很久，終於想出解決之道。我發現**能影響「我的心境」的不只是「外境」，還有「我」，當我發現自己有一個「我」可以用來影響及改變自己的心境時，彷彿一整個開闊及解脫的天地打開了**。我有一個能覺察、能轉念、能自我調適的「我」，這個「我」開始覺察自己的存在及力量，這個我不只是被動地受「我的心境」的影響，而且能主動地調整及改變「我的心境」，不致令「心境」成爲「外境」的奴隸。

更有甚者，這個「我」慢慢成爲「我的心境」的主人，能夠有能力調整、轉換及創造自己的心境，而更進一步明白，「心境」其實也不是只能被動地受「外境」影響，而是「心境」根本就具有偉大的創造力，能透過龐大的心電感應網及不可思議的能量，逐漸創造出符合這個「心境」的「外境」。到了這個境界，「我」才能眞正成爲「心境」及「外境」的主人，也才能眞正體會到「以心轉境」的偉大創造力量。

〈心電感應存在嗎？人可以和自然界溝通嗎？〉

處方41 開發內在感官

大家都以爲我們只有一個肉眼所見的具體世界：樹木、街道、房屋、藍天及白雲。過去，在這個具體的世界當中，人們可以透過言語、表情、書信和他人溝通；現代人的溝通方式則更無遠弗屆，我們可以用電話、E-mail、傳真、廣播及電視，和遠方的人溝通及傳遞訊息。然而，以上所談的溝通方式，不管是面對面、書信或透過電磁波的形式，都還屬於物質界內的溝通方式。

大家所不知道的是，在整個物質界內尚存在著一個以肉眼看不到的聲、光及電磁組成的世界，而在人與人的言語溝通層面下，其實心靈溝通的眞正方式是「心電感應」。意思是說，有一個即刻的、比光速還快的心靈溝通網路，將全世界所有的動物、植物、礦物、人類、小水滴及山河連結在一起，那是一個連接所有生物及無生物的能量網。所有一切的意識，在那個龐大的心靈網路當中都知道自己的位置及角色，也知覺到所有其他意識的存在，更了解到自身在宇宙當中「是有意義的」，也是宇宙中最神聖、最不可或缺的一部份。

正因爲那個內在心靈網路的存在，人與人的語言溝通才誕生，而現代所有高科技的通訊方法也因心靈溝通網的存在而誕生。但是，過去人類的創造力大多集中在外在通訊方式的發明，而人類眞正偉大的心靈力量根本尙未被探索及釋放。

此話怎講？人類的精神及心靈力量其實可以透過「內在感官」而大大的啓發。「內在感官」，顧名思義，與「外在感官」是有別的，外在感官指的是眼、耳、鼻、舌、身，是用來感知物質世界的外在特色，比如說，你的眼睛可以看到一棵樹，觀察它的外貌、生長情況、樹葉及枝幹的形狀，你也可以用手觸摸質感、用鼻子嗅氣味，甚至放到口中嚼味道，但是你無法感知樹的內在，無法知覺到樹的意識，也知覺不到樹根和大地意識的互動，而樹的意識又是如何和周遭的花草及其他的樹木產生互動，你也無法知覺樹內在是如何傳送水份及營養。

所有這一切都不是不能知覺的，只不過你無法用「外在感官」知覺，人類的精神進化必須進展到所謂「內在感官」的開發及利用，**利用「內在感官」，我們不只能看到及感知大自然，還能感受大自然活生生的意識，也會感受到人類的意識一直和大自然所有的意識有著持續、相互合作的關係。**透過內在感官，我們不只看到大自然，而是感受到大自然活生生的靈魂。

目前人類對大自然的研究都是透過觀察、分析、分類及解剖等所謂的科學方法。但新時代大師賽斯曾說過：當人類解剖大自然時，你研究的是一個死掉的大自然；就像你不會解剖自己心愛的寵物，用解剖的方式所獲得關於「生命」的知識，不但無助於人類更了解生命，反而是對生命一個更大的誤解及扭曲。

但是若不透過動物實驗、解剖及分類，人類又如何了解動植物及大自然，又如何擷取珍貴的知識用來治療人類的疾病呢？研究新時代身心靈理論十數年，我終於了解到，透過儀器解剖、動物及人體實驗，我們將永遠不可能了解生命，更遑論治療疾病及解救生命了。因爲我們的研究手段本身就是在「輕視」生命，也根本就誤解了生命，當然，人類生命的福祉及尊嚴最後也會落得不幸的下場。

那麼，新時代的科學家及醫生要如何研究生命、疾病及了解大自然呢？是的，你答對了！透過的不是解剖刀、儀器及數不清的實驗，而是透過「內在感官」的開發，我們可以去了解「活著的大自然」及一個活生生的心靈和疾病的關係。用我們的意識及精神力量，來感受物質及生物體內在的變化，感受意識及精神是如何透過物質的原子分子來顯現它自己，而其後的過程又出了什麼問題。這才是新時代眞正的慈悲及生命觀。

〈在靈性層面上，我的「修行」到達什麼程度？〉

處方42 人生四大階段

以新時代的修行觀點而言，我會將人生區分爲四個階段，其中前三個階段可能會在每次的輪迴轉世反覆出現或同時出現，而當進入第四階段之後，可能就快要結束在物質實相的輪迴轉世了。

第一階段稱之爲莫名其妙期，在此期當中，個人的人生過得非常不順利，他會質問自己爲何來到人間，爲何要出世爲人，會視人生爲一連串苦難的過程。

他會對於自己出生的家庭，投胎時所選擇的性別、國家及種族，都覺得相當的莫名其妙，不能接受，也完全不認為有任何的道理可言。

對自己的人生及人生中所發生的每件事，他會覺得不管自己同不同意，命運之神就是把他不要的、不能接受的人生命運硬塞給他，而且彷彿還不能不接受似的。因此，在這第一階段的人大半的情緒是處於憤怒、不滿及無奈，他們大多是採取負面思考的模式，大多的時間都在怨天尤人。他們逃避自我覺察及自我省思，只喜歡把一切的責任及過錯推給外界的人、事、物。

在這個階段的人，將「自己」及「自己人生發生的每件事」截然分開，且完全看不出、也不認為二者之間有任何的關聯。由於逃避自我面對的結果，這類人可能擁有極佳的健康，也可能常常病得莫名其妙。總之，這一期可稱之為「不知不覺期」。

第二階段稱為努力奮鬥期，在此階段的人開始相信他們的人生「是」有意義的，他也許不明白命運及人生的本質及奧祕，但他的內心深信——縱使還不明白，但生而為人、出生在這個國家及地方必有其涵意。

他開始有點明白，當他想過那一類的人生、想擁有什麼的時候，必須自己努力去爭取，爭取更高的學歷、更好的工作機會、更多的幸福及良好的人際關係。他相信有些東西是他可以努力創造出來的，但是人生某一些無可逆料的事件，有些非人力所能掌握的因素，諸如生老病死、疾病與健康等，似乎又是他不能掌控的。因此，看起來彷彿能掌握人生，卻又有些空洞。

這個階段也是人生當中最精采及最痛苦的一個階段，因爲這類人會有「人算不如天算」的感嘆，有時努力運動、不抽菸、吃健康飲食、生活規律，卻落得疾病纏身的下場；相信一分耕耘一分收穫，有時眞的可以獲致滿滿的自信及成功，有時卻又如海濤般的起起落落，輸得一塌糊塗。他們的情緒狀態也如人生一般變化萬千，有時志得意滿，有時又洩氣得很。總之，這類的人隱約知道「自己」與「自己的人生事件」似乎有某種微妙的互動關係，可是卻又不很明白，可謂之「後知後覺期」。

第三階段稱之爲成功順利期，這類人可說是人類中的幸運兒，也許由佛教的觀念可解釋爲前世福澤深厚。他們似乎擁有比別人更多的幸運及福氣。

在人生的際遇方面，他們時常擁有比別人更多的善緣及貴人，做什麼事似乎都能事半功倍，有如神助。這類人經常保有正向的情緒及燦爛如陽光的笑容。他們似乎相當的熱愛生命，也經常對周遭的人提供協助及正向的鼓勵。

但他們只知道自己的人生很順利，也常常可以「心想事成」，卻不明白到底爲了什麼。在他們的「自己」和「在自己身上發生的事」有一個正向的加強，他們似有似無地明白一些人生的眞諦，知道當他自己是個正向的人、擁有正向的人生觀及情緒狀態時，他的人生也過得特別地順心如意。

這樣的人似乎已觸到眞理邊緣，他們懂得趨吉避凶、化險爲夷，可是如果沒有持續向第四階段邁進，還是可能回到第二或第一階段。此階段可謂「半知半覺期」。

第四個階段稱之爲開悟智慧期，所有在輪迴當中最後一世的人都會經過這個階段。這部份可能要多花點功夫來解釋，否則各位讀者會弄不明白。

首先，在這個階段的人明白「我」及「我所過的人生」或「我生命中發生的每一件事」基本上是同義字，他會明白降臨在他身上的每件事都是「他」及「他內在更大的心靈」共同創作的結果。

對他而言，人生的每一件事都不是用好、壞來區別，也完全沒有所謂的趨吉避凶這一回事，因爲人生中的每一件事都是靈魂偉大創造力的結果。他活在命運當中就彷彿魚兒快樂地活在水中一樣。

他是一個和偉大靈魂創造力接觸的人，他愉快地用他所選擇的思想、感受及情緒彩繪他的人生，彷彿一個嫻熟的畫家可以盡情地畫出自己想畫的每一幅景致。

他歡喜的發現發生在他身上的所有事情都不是意外，都是他檢驗心靈創造力的素材，他了悟到：發生在他身上的每一件事，從失業、跌倒、離婚到生病，都是他內在自性的外在顯現，他藉之以認識自己靈魂眞正的本質及本來面目。

然而，那些發生在他身上所有一切雞毛蒜皮的事，也都不是他——說不是他的原因在於，比如一個畫家一生不斷的作畫來建立個人風格及認識自己的創造力，每一幅畫都代表了那個畫家的獨特性，可是，再怎麼說，一個畫家仍然比他一生所畫出的所有作品更大，硬要把一個畫家和他所有的作品劃上等號，等於扼殺了畫家內在所有偉大的可能性及創造性。

因此，各位親愛的讀者，你必須深入自己內在的世界，徹底了悟到，靈魂是更偉大、更無遠弗屆的創造力，你以爲自己只有一個肉體，其實不對，沒錯，你是有一個實際有血有肉的身體——當然，那是靈魂偉大創造力，將概念化的能量轉換成物質的結果。但是，你有一個更大的身體，那個身體是由大大小小的「事件」所組成的。簡言之，你這一生發生在你身上所有的大小事情，都可視爲你靈魂的身體，一個由事件組成的身體。

這個由事件所組成的靈魂的身體，有些事件落在你的過去，被你的頭腦詮釋爲記憶中過去的事件，比如十年前畢業、五年前換工作等等；有些事件落在你的現在，由你現今的肉體透過眼耳鼻舌身體驗當中，比如你正在求學中或辦離婚；有些可能事件對靈魂而言已經發生，在內在宇宙中體驗過了，但對你而言，那些未來的可能性尚未發生，而且只有一小部份會具體落實在你的時空當中，爲你的身體所體驗到。

但是，靈魂眞正偉大的活力很少爲人所了解，**你的過去對你而言，是個已經發生了、且不會再改變的事實，但是對你那由大大小小事件組成的靈魂的身體而言，**

你的過去對它而言仍是現在，除了那個你已體驗過的過去事件外，它仍在創造及體驗許多新的可能性呢！

對這個階段的人來說，他除了知覺自己實質的肉體之外，尚能知覺到更大的靈性——由許多過去的可能事件、現在的可能事件及未來的可能事件所組成靈魂的「可能性身體」。

到這個階段，他可謂眞正進入靈魂的豐富期，他不只聚焦在肉體狹隘的時空焦點，也更知覺到所謂的當下心——活在廣闊的現在的靈性。他還能按自己意識心的選擇及自由意志，在心靈的世界創造出後來他想在實際人生當中體驗到的事件，這個階段便是「先知先覺期」了。

〈這世界爲什麼會有這麼多的苦難和亂象呢？〉

處方43 「分別心」造成對立的苦難

現代人類的意識心正在邁向個體化的獨立過程，因此，所專注的焦點及強調的面向都是在於個體與個體之間的差異，每個個體似乎都在證明自己的獨特，擴大自己的疆界及自由；而個體與個體之間的關係，要不充滿了競爭及嫉妒，要不充滿了冷漠及疏離，更有甚者，任何一個個體似乎也隨時會遭受到另一個個體的侵犯，比如被暴力對待、搶劫、強暴等等。

國家意識其實也是個體意識擴大集結的結果，在新近的世界高峰會議上，充斥著窮國與富國之間的對立，環境污染與工業發展的對立。每個國家似乎也都只爲自己國家及人民的利益爲唯一考量，以極大的分別心對待其他國家，彷彿其他國家的人民都不是人、都不用活似的。國家與國家之間仍然是壁壘分明，政治力的介入及國家界限的建立阻礙了每個個別人類——不論國籍、種族、性別及語言——之間眞摯情感的交流。

許多個人將其他的個人視爲潛在的威脅，比如說，我曾輔導過一個個案，這位個案每次都考第一名，以致遭受第二名同學的媽媽來電指責：「都是妳害我女兒拿不到第一名。」一個英俊的帥哥，如果事業又相當成功，可能成爲你生意上的敵人或太太外遇的對象；一個漂亮的美眉，可能成爲妳先生情感及肉體出軌的對象，破壞你的婚姻，摧毀你的幸福。

每個國家也都爲自己設立許多的「假想敵」，在假設可能發生戰爭的前提下，拼命的製造彈藥及發展更先進的武器，以便可以去殺死更多敵對國家的人民，因此，部份與部份之間的對立、區域與區域之間的衝突便層出不窮。

人與環境大地之間的關係也是如此，人與其生存其上的環境由相互依存、相互滋養的關係，成了截然分別、且相互對立的關係，一次的地震、水災及旱災就會奪去無數的生命及財產。人開始覺得自己和環境是分別存在且各自爲政的，而環境及氣候似乎也成了威脅人類生存的潛在因子。

這是一個人類集體苦難時代的來臨，個體面臨來自其他個體（不同國家、種族、性別的個體）和大自然環境的威脅。還不只此呢！人不但遭受所有外來的威脅，也遭受到各式各樣的病原體及身體疾病的威脅，因此，對愈來愈多的人而言，安身立命成了遙不可及的夢想，有時，「活著」本身就是一種沉重的負擔，而科學強調死後靈魂的滅絕，更是對生命最終尊嚴的一種無情踐踏。

就新時代的觀點而言，危機即轉機，現今人類所面臨的嚴苛挑戰也將逼迫人類向心靈探討，以找出智慧的解決之道。就以上所有的對立而言，歷經數年苦思，我似乎可以見到一絲的光明。

那就是，現在所有的困境，包括婚姻及家庭的危機、社會的亂象、國家之間的戰爭、人與自然環境及氣候之間的不和諧、疾病與健康的對立，都無法透過現今所

有的方法被解決，比如制度的建立、法律的執行、戰備的加強、科技與醫學的進步，都不能解決現代人類遇到的困境。

唯一的解決之道在於，個體不再以「分別」的角度及心態來看另一個個體，而要覺察到：自己雖是一個獨立的個體，卻也是整體的一部份，你與其他個體之間的關係便不應只是部份與部份之間的關係，否則，你們關係的本質會是分別、對立及衝突的；你應視其他個體爲整體的一部份，因此，你與其他個體的關係，便都同屬於一個整體的不同部份。你與破壞你婚姻的第三者其實也是同一個整體；國家與國家之間的分別無需存在，因爲都是地球整體的一部份，環境、氣候與人之間的對立也將消失，因爲它們都屬於同一個心靈整體。

當個體看到自己的獨特性，也了解所有的個體（包括自己）都是整體的一部份時，一個人類眞正偉大的心靈時代便誕生了。

〈人類面臨的危機和困境在哪裡？〉

處方44 讓心中的藩籬倒下

男性是女性的一部份，女性也是男性的一部份；善是惡的一部份，惡也是善的一部份；台灣是大陸的一部份，大陸也是台灣的一部份；中國是美國的一部份，美國也是中國的一部份；亞洲是非洲的一部份，非洲也是亞洲的一部份；人是宇宙的一部份，宇宙也是人的一部份；物質是精神的一部份，精神也是物質的一部份；健康是疾病的一部份，疾病也是健康的一部份。

各位親愛的讀者，我是你的一部份，你也是我的一部份；你我都是空氣、桌子、椅子的一部份，空氣、桌子、椅子也都是你我的一部份；窮人是富人的一部份，富人也是窮人的一部份；人性是佛性、神性的一部份，佛性、神性也是人性的一部份。

你是你的人生、你的命運的一部份，你的人生、你的命運也是你的一部份；你是你的一個動作、一個說話的一部份，你的一個動作、一個說話也是你的一部份。

以上這些文字眞正的透露了宇宙及人生的奧祕及眞理，「我」不再只是一個分別心運作下的獨立部份，「我」也是所有一切現象、一切整體的一部份，「我」仍然能知覺到自己存在的燦爛獨特性及個別性，卻也知覺我爲其一部份的整個整體。

現代人的「我」都是分別心運作下的我，以至於無法體會到自己存在的多重次元本性，也無法體會到自己與周遭所有一切的人事物及大自然環境都是不可分割整體現象的一部份，因此，所有目前人類面臨的困境及危機均來自於此。

身爲新時代身心靈健康的推動者，我逐漸的打破「我執」，打破存在於我與萬事萬物之間的界限，看到所有的部份之間的藩籬其實都是幻象的一部份。小偷搶的不是別人的錢，而是自己也身爲其中一部份的「整體」的錢；搶劫、殺人者所搶所殺的也不是「別人」，而是自己身爲一部份的人類整體的另一個部份，你所搶所殺所強暴的也正是你的親人、父母，也正是你自己啊！

你以爲在戰爭中殺死的是敵國的人民及士兵，你以爲殺死的是與你不同種族、不同膚色的外國人，你錯了，你以爲爲了保衛自己的同胞、保衛自己國家的老弱婦孺，而去殺死敵對的人們，其實你殺的也是你自己的骨肉、手足，你殺死的也是你的同胞，也是你自己啊！

你以爲貧窮的、餓死的是那些落後國家的小孩，但是，就如你是他們的一部份，他們也是你生命的一部份啊！窮死的，餓死的，病死的，也都是你自己。

隨著新時代的來臨，一個人類集體覺醒的時代即將來臨，這個覺醒若沒有發生，人類的歷史將不可能延續，人類的文明也將告終結。因此，**我呼籲所有的個體，停止再以分別心去看待所有的一切，停止再以部份和另一個部份對抗，放下所有一切心中的藩籬及障礙。**

有史以來，人類狹窄的「自我」將獲得最大的解放及自在。每個個體內在深深

的情感能量將被喚醒，現今人類感覺到的孤單、恐懼、焦慮、痛苦及迷失，將完全被人與人之間無可言喻的愛，人與大地之間的血脈相連、氣息相通，人與內在宇宙不可分割的情感聯繫所取代。

不要以爲這個偉大的時代還很遙遠，隨著將來整體社會持續的動盪不安；天災人禍陸續的降臨；家庭、婚姻、社會價值觀的崩潰及瓦解；人心逐漸的慌亂不安；宗教組織逐漸的自我崩解，人類內在偉大的心靈將緩緩地露出頭來，人性中充滿慈悲及智慧的自性也將逐漸顯現，而我們也正爲偉大人類的未來打先鋒啊！

處方 自然界的情感連繫

〈自然界弱肉強食的現象，血淋淋、現實又殘酷？〉

人是地球上唯一具有發達思考能力的生物，也是唯一會問「這世界到底有沒有意義？人生到底有沒有意義？」的生物。一隻老鷹不會去問，「到底我的一生有沒有意義？」也不會擔心山林愈開發愈多，食物愈來愈難找，棲息地愈來愈少，到底哪一天才會絕種呢？

一朵玫瑰花也不會問，到底它在宇宙內的角色爲何？在它短短十幾天的生命當中，生命有沒有意義？若有人欣賞它，它的生命會更有意義嗎？如果沒有人欣賞，是不是就更沒意義？

根據新時代的思想，一朵雲、一滴水、一隻蝴蝶、一棵樹、一頭駱駝，根本不用問生命的意義，因爲在它們的意識當中，天生就「知道」生命的意義，也天生都知道宇宙就是豐富活潑有意識，萬物各安其位，也知道雖然自己是最獨特的，卻也與全宇宙相連。

大自然的每一分子，宇宙的每一顆縱使最遙遠陌生的星球，彼此之間都充滿了最深情感的連繫。很多生物學家或生態學家以爲大自然的所有生物一切以生存及繁衍後代爲最高指導原則，彼此之間是獵者與被獵者的關係，當你看老鷹在追捕麻雀、獅子在獵殺羚羊時，你會覺得那是多麼血淋淋、現實及殘酷的大自然，這樣的大自然又有何意義？也許只是弱肉強食罷了。

但是，在新時代的思想下，一般人所看到的大自然其實只是最表層、最膚淺的大自然。這怎麼解釋呢？其實生物及其生存其上的土地、橫掃過大地的風雨之間眞正的關係是「愛」，大地並不嚴苛地對待生存其上的每種生物，逼得它要不斷的演化來逃避被淘汰的命運，反之，大地、季節和各式各樣的生物合奏出一首生態系的「愛的交響樂」，大自然提供舞台及背景，季節及風雨則提供了舞台上的聲光效果，而所有的物種有些尚在後台等著演出，有些正在台上盡情的嬌嬈、賣力的舞動風姿，有些則在淋漓盡致的演出後，到後台稍事休息。

你明白嗎？從來沒有一個物種眞正的滅絕了，縱使恐龍也是一樣，在新時代超越生死的生態觀點下，那些看似絕種的生物，只因外在的條件不再合適，而退回意識界的層面罷了，等哪一天環境合適了，牠們便會再以肉體的形式回到地球的生態系來。

你看到獅子吃羚羊，好一幅殘忍的因果業報圖，於是心懷慈悲地看著殘酷的大自然，其實你根本在用自以爲是的假慈悲，而完全感受不到大自然那超越你的智慧的眞正慈悲及愛。首先，大自然的每種生物都是超越生死的，它們會無意識的求生，卻也天生的知道意識並不依賴肉體的存活。因此，你看到的是獅子殘忍的獵殺無辜的羚羊，我看到的卻是在一種深層的生物性的愛及了解下，獅子和羚羊在物質層面上完成能量的交換，羚羊的靈魂則在山麓愉快地跳躍。萬物本是一體，數不盡

的靈魂在肉體的交換當中擴展了彼此存在的經驗，它們在愛的互助合作當中尊重及珍愛對方的存在。因此，我看到的只是愛。

動物並不獵殺比自身所需更多的食物，這是愛；動物並不過度繁殖，將其他的生物趕下舞台，這是愛。人是所有生物當中唯一會否認生命意義的，也是所有生物當中最喜歡談愛、慈悲及尊重的，但人類卻是所有生物當中最缺乏對自己、對他人及對所有生物付出愛、慈悲和尊重的！

人類的意識心往前跨了一步，擁有意識更大的自由及創造力，但是，更大的能力也帶來更大的責任。在新時代的思想當中，並不認爲「殺生」是一種過錯，但是「你不應殺害比你所需維生更多的動物」則是新時代的戒律之一，當你違反此戒律時，你侵犯了其他的生物，也失去了身爲地球的一員自然優雅的天生恩寵感。

此外，人口過剩導致其他物種的滅絕，更引發人類的自我補償——利用戰爭及疾病來減低人口數量，但是，誰又該死呢？因此，新一代的人類，請三思。

後記——許添盛

據說我的前一本書《許醫師安心處方》之所以賣得好，跟正文內容沒多大關係，完全是〈後記〉寫得好的結果。因此，我的主編佳穎希望這本書也能有一篇精采的〈後記〉，令每位讀者動容。

可是，門兒都沒有，我許添盛是那種你叫我寫什麼就寫什麼的人嗎？我只想寫出自己眞正的心聲，用最眞實的情感與各位互動。我想各位也喜歡這樣的我，不是嗎？

好！我就來說一說我是如何看待自己的生活、我如何看待「哥哥出家」這件事。但這次我想以賽斯的觀念「你創造你自己的實相」，來剖析自己的內心世界。

接下來讀者會問，那你倒說說看，爲什麼要創造出「自己的哥哥和女友在結婚前夕選擇雙雙出家」的這個實相，甚至這個實相會如此發生，竟然是經過你內在心靈同意的！

好！嚥下這口氣，嚥下我多年的痛苦和孤單，我捫心自問，如果這眞是我創造出來的實相，我「爲什麼」要創造這樣的實相？如所有人會問的：「難道這是你要的？難道你眞的頭殼壞掉？」難道我希望的不是一個繼續在人生道路上引領我的哥

哥？難道我不希望哥哥嫂嫂一家和樂，生個胖娃娃，讓父母含飴弄孫，不致每天在那裡逼我結婚？難道我不希望有個在世俗生活的大哥，可以部分承擔起長子的責任，也可分擔照料日漸年老雙親的工作？

哦！我想到了，難道正如父母有時說的：「你怨什麼！他出家了，以後財產不就都是你一個人的！」哦！太小看我許添盛了吧！那麼一點點財產（我常會用這種話刺激父母，因爲我希望他們快樂，最好自己花光光，當兒子的總要有那麼一點志氣！），我會放在眼裡嗎？也不至於因此創造出哥哥出家的實相，以致沒人跟我分財產吧！

後來，我再深入自己內在的心靈，開始有了那麼一點點感覺——也許這一切眞的是我創造的，而且對我的人生有一個正面的意義，只是我過去從未發現罷了。也許哥哥的出家，是投胎前的我（或這世的我）內在心靈同意的，或共同創造的。

也許我倆根本是在演一場心靈的對手戲，只是我一直沒看出這齣人生戲的深層涵意，只在表面生氣、憤怒、傷心或難過。換個角度，如果哥哥是「爲了我」而出家呢？搞不好眞是我和他共同演出這場戲，只不過我的內心一直拒絕承認及面對？

順著這樣的了悟，我開始覺察到，我本來就希望有個哥哥在人生的道路上引領我，與我一同奮鬥，可是，如果我的哥哥選擇留在俗世，當一名頂尖的工程師，或一家公司的老闆，他能引領我嗎？拜託，我是許添盛吔！早年哥哥又不是沒領教過我的強悍及聰明絕頂。

就某個程度而言，他是爲了我而出家的，在他的修行道路上，他對自身理想的堅持及爲眾生無怨無悔的付出（也不知道有沒有言過其實，還是我根本就被唬弄了），也眞的令我在自身理想的追求、爲新時代賽斯思想的精進及推廣上，起了最佳的示範及引導作用。

哥哥對他佛學領域的堅持，無形中也令我在賽斯的領域中熱情如火。可是，我倆可能拼得太過頭了，以致痛風紛紛發作，但在身心靈的修爲上，我卻技高一籌，可以用賽斯心法令自己不必吃任何一顆藥來止痛，也完全毋需飲食的控制，而能藉由心靈的力量轉化具體的病痛。

並非要他回到我身邊或回歸家庭才是我的親兄弟，而是，他在自己生命道路上的堅持，以及對理想實現的執著，已爲我做了最佳示範，也才眞的是我的好兄弟。

知道在遙遠的地方有人與你一同爲眞理、爲理想奮鬥的感覺眞好——雖然看來是兩個截然不同的方向。可是，人心的眞誠和熱情卻是一致的，這才是最重要的，不是嗎？

於是，我開始眞的相信，「我創造我自己的實相！」

參考書目

參考書目

【賽斯書】

《靈界的訊息》，*The Seth Material*

《靈魂永生》，*The Eternal Validity of the Soul*

《個人實相的本質》上、下冊，*The Nature of Personal Reality*

《個人與群體事件的本質》，*The Individual and the Nature of Mass Events*

《夢、進化與價值完成》，*Dreams, Evolution and Value Fulfillment*

《夢與意識投射》，*Dreams & Projection of Consciousness*

《心靈的本質》，*The Nature of the Psyche*

《神奇之道》，*The Magical Approach*

《未知的實相》上、下冊，*The Unknown Reality*

《心靈探險——賽斯修鍊法》，*A Seth Workbook : Create Your Own Reality*

《意識的探險》，*Adventures in Consciousness*

《健康之道》，*The Way Toward Health*

《心靈政治》，*Psychic Politics*

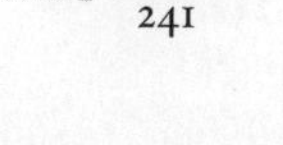

【其他】

《賽斯讓你成爲命運的創造者》，王季慶著

《人生的轉機——癌症的身心靈治療法》，*Cancer as a Turning Point*，Lawrence LeShan, Ph.D. 著

愛的推廣辦法

愛的推廣辦法

看完這本書，是否激盪出您內心世界的漣漪？

如果您喜歡我們的出版品，願意贊助給更多朋友們閱讀，下列方式建議給您：

1 訂購出版品：如果您願意訂購一千本（印刷的最低印量）以上，我們將很樂意以商品「愛的推廣價」（原售價之65折）回饋給您。

2 贊助行銷推廣費用：如果您認同賽斯文化的理念，願意贊助行銷推廣費用支持我們經營事業，金額達萬元以上者，我們將在下一本新書另闢專頁，標上您的大名以示感謝（每達一萬元以一名稱為限）。

請連絡賽斯文化或財團法人新時代賽斯教育基金會各地分處，我們將盡快為您處理。

●愛的連絡處

如果您認同本書的觀念及內容，想要接受我們的協助；如果您十分認同本書的理念，想依循本書的觀念成為一位助人者的角色；如果您樂見本書理念的推廣，而願意提供精神及實質的協助：請與財團法人新時代賽斯教育基金會各地分處連繫：

●台中總會　陳嘉珍　電話：04-22364612
E-mail: natseth337@gmail.com
台中市北屯區三光巷三十三之七號四樓

●板橋辦事處　邱譯萱　電話：02-82524377, 0915878207
E-mail: seth.banciao@gmail.com
台北縣板橋市仁化街四〇號五樓

●新店辦事處　胡春秀　電話：02-22197211, 0920839715
E-mail: sethxidian@gmail.com
台北縣新店市中央五街五一號

●三鶯辦事處　陳志成　電話：02-26791780, 0988105054
E-mail: sanyin80@gmail.com
台北縣鶯歌鎮文化路二一四號

●嘉義辦事處　尋秋霞　電話：05-2754886
E-mail: new1118@gmail.com
嘉義市民權路九〇號二樓

●台南辦事處　闕倩芝　電話：06-2134563, 0939295509
E-mail: sethfamily1@gmail.com
台南市中西區開山路二四五號八樓之一

●高雄辦事處　黃久芳　電話：07-5509312, 0921228948　傳真：07-5509313
E-mail: ksethnewage@gmail.com
高雄市左營區明華一路二二一號四樓

●屏東辦事處　羅那　電話：08-7212028　傳真：08-7214703
E-mail: sethpintong@gmail.com
屏東市廣東路一二〇巷二號

●宜蘭辦事處　潘仁俊　電話：03-9325322, 0921229686
E-mail: sethyilun@gmail.com
宜蘭市宜中路一二〇號

●鳳凰山莊賽斯村　陳紫涵　電話：03-8764797, 0928142899　傳真：03-8764317
E-mail: sethvillage@gmail.com
花蓮縣鳳林鎮鳳凰路三〇〇號

●香港聯絡處　董潔珊　電話：009-852-2398-9810
E-mail: seth_sda@yahoo.com.hk
香港九龍旺角花園街一二一號利興大樓5字樓D室

●深圳聯絡處　田邁　電話：009-86-138-2881-8853
E-mail: tainmaiw@gmail.com

● 洛杉磯聯絡處　Charles Chen　電話：002-1-714-928-5986
E-mail: newageusa@gmail.com

● 紐約聯絡處　謝麗玉　電話：002-1-718-878-5185
E-mail: healingseeds@yahoo.com

● 多倫多聯絡處　黃美雲　電話：002-1-416-444-4055
E-mail: tsaisun2k@yahoo.ca

● 吉隆坡聯絡處　普悅　電話：009-603-6276-5272
E-mail: avatargarden@yahoo.com
www.reset.com.my

新書介紹

Cancer Is Not An Incurable Disease

癌症不是絕症

20個威力強大的癌症療癒心法

許添盛醫師/主講　周和君/執筆

B1016/288頁/ISBN 978-986-6436-01-7

【內容簡介】

新世紀破解癌症密碼必讀寶典

一個人的身、心、靈就像一家人，有樂同享、有難同當，沒有一方能夠置身事外。當身體有了癌細胞，唯有從心靈的源頭肇因探索起，繼而用愛感化它們，引導它們回家，恢復爲正常細胞，才是威力最強大、效果最究竟的抗癌方法。

享譽海內外的癌症身心靈治療權威、多年來已幫助無數癌友重獲健康的許添盛醫師，在這本《癌症不是絕症》當中，提出「你可以不生病」、「感化癌細胞」、「不讓癌症復發」、「鑽石開懷論」等20個徹底療癒癌症的心法，讓我們的每一顆細胞都樂於當正常的細胞，不再造反，創造和樂的身心靈整體健康之家。

許醫師有聲書　許添盛主講

Cancer Is Not An Incurable Disease

癌症不是絕症

抗癌心法

C1001/20CD/ EAN 4712755200029

【內容簡介】

癌症身心靈治療的經典．無數癌友熱情強力推薦

癌症不應該只被視爲身體的疾病，它是透過身體而反映出來的人生現況。這個轉機不是教你去吃更多的健康食品，或是教你更多的抗癌方式，而是引導你重新檢討對生命的態度……

許醫師講座DVD公播版

正在全台各地有線電視熱烈播放中，歡迎學校、機關、團體教學及推廣使用

身心靈健康的10堂必修課第1輯
1. 孩子，我要你比我強？（上下集）
2. 我的未來在哪裡：自我，覺察，學習，教育（上下集）
3. 愛在瘟疫蔓延時：愛與被愛（上下集）
4. 哪裡有錢哪裡去？邁向靈性且富裕的生活（上下集）
5. 工作．權力．慾望：如何面對事業競爭壓力（上下集）

身心靈健康的10堂必修課第2輯
1. 你可以再靠近一點：人際關係的開心法則（上下集）
2. 只要健康不要病：從心做起上（上下集）
3. 我究竟要什麼：人生意義與價值追尋（上下集）
4. 信不信由你：宗教與信仰的迷思（上下集）
5. 人生的最後一堂課：生命教育與臨終關懷（上下集）

心能源第1輯
1. 童心：拾回天真爛漫的赤子之心（上下集）
2. 青春：青春自信，神采飛揚（上下集）
3. 愛情：在愛情海裡悠遊自在（上下集）
4. 財富：從心所欲運用財富能量（上下集）
5. 人際關係：創造如魚得水的人際氛圍（上下集）

心能源第2輯
1. 工作：轉化沉重壓力爲無限助力（上下集）
2. 人生價值：打造活力四射的人生舞台（上下集）
3. 健康：擁有身心靈合一的全然健康（上下集）
4. 修行：體會關照自如的生命意境（上下集）
5. 生死：生死大事了然於心（上下集）

不老的身心靈第1輯
1. 與自己更親密：開發自己的覺察力及創造力（上下集）
2. 心靈大掃除：告別過去，我的未來會好（上下集）
3. 我家小孩很敏感：如何改善兒童多病的體質（上下集）
4. 向惱人的病痛說再見：以身心靈力量治療慢性病（上下集）
5. 心靈改造基因：談癌症的治療及預防（上下集）

不老的身心靈第2輯
1. 人生的轉機在哪裡：威力之點在當下（上下集）
2. 夢醒時分：如何解讀潛意識的訊息（上下集）
3. 開心．愛心．慧心：生命中的眞愛與喜悅（上下集）
4. 發現第二青春期：不老的身心靈（上下集）
5. 解讀生死奧祕：輪迴轉世，從已知中解脫（上下集）

活出創造性的自己第1輯
1. 禽流感和自癒力：以身心靈力量防治流行病（上下集）
2. 萬物都是靈：從日常生活中傾聽內心智慧（上下集）
3. 神奇之道：開發與生俱來的超感官能力（上下集）
4. 我不只是我：活出英雄式、創造性的自己
5. 突破男女界限：男人的陰柔與女人的陽剛
6. 宗教的「精神分裂」：談業障、因果、嬰靈、做功德等現象（上下集）

活出創造性的自己第2輯
1. 他愛我？他不愛我？：以轉世觀點看愛情、親情和人際關係（上下集）
2. 優秀是「教」出來的嗎？：啓發孩子心靈意識的「世界觀」（上下集）
3. 請容許我悲傷：當所愛的人得到身心疾病（上下集）
4. 情緒的眞面目：黑暗也是一種力量（上下集）
5. 把握當下：行動是最有力量的冥想（上下集）

生命的魔法師第1輯
1. 賽斯心法：你創造你的實相（上下集）
2. 神奇魔法師：當下就是威力之點（上下集）
3. 你、你、你和你：生命裡的一百萬種選擇（上下集）
4. 進入心理時間：神奇的內在感官（上下集）
5. 內我、意識和意識心的合作關係（上下集）

尋找內在桃花源第1輯
1. 愛與背叛（上下集）
2. 化解生命的無力感（上下集）
3. 許醫師抗憂鬱處方（上下集）
4. 孩子是我們的一面鏡子（上下集）
5. 穿透生死的迷思（上下集）

富足人生的十一把金鑰第1輯
1. 期望：信念妝點並創造了經驗（上下集）
2. 直覺：讓內在的沉默之聲說話
3. 選擇：你決定自己的人生方向（上下集）
4. 創造：心靈上網，與宇宙智慧相通
5. 靈活：順勢而爲，接納當下
6. 行動：信任衝動，築夢踏實（上下集）

富足人生的十一把金鑰第2輯
7. 規範：通往自由與獨立的秩序（上下集）
8. 平衡：我們接受的，正是自己付出的（上下集）
9. 完美：人天生就是有價值的（上下集）
10. 表達：克服自我懷疑，做眞實的自己（上下集）
11. 接納：愛是一切能量的源頭（上下集）

心情。筆記
Note

心情。筆記

Note

心情。筆記

Note

心情。筆記

Note

Note 心情。筆記

心情。筆記
Note

心情。筆記

Note

國家圖書館出版品預行編目資料

許醫師諮商現場：安頓情緒的45個絕妙處方
／許添盛著. --初版. --臺北市：
賽斯文化, 2007・11

面；　　公分. --(許醫師作品：6)

ISBN 978-986-83501-9-9 (平裝)

1. 靈修　2. 情緒管理

192.1　　　　　　　　　　96016748

每天的生活，都是靈魂的精心創造

You create your own reality.